LA
TRANSFORMACIÓN
DE LA
NIÑA
EN
MUJER:
OBLIGACIONES DEL
PADRE

BRIAN & KATHLEEN MOLITOR

LA TRANSFORMACIÓN DE LA NIÑA EN MUJER:
OBLIGACIONES DEL PADRE

EDITORIAL JUCUM

P.O. BOX 1138 TYLER, TX 75710-1138

Editorial JUCUM forma parte de Juventud con una Misión, una organización de carácter internacional.

Si desea un catálogo gratuito de nuestros libros y otros productos, solicítelos por escrito o por teléfono a:

Editorial JUCUM
P.O. Box 1138, Tyler, TX 75710-1138 U.S.A.
Correo electrónico: info@editorialjucum.com
Teléfono: (903) 882-4725
www.editorialjucum.com

Este libro está dedicado a mi padre y mi héroe,
James Frances Hayes.

PAPÁ, TE DEDICO ESTE LIBRO porque siempre fuiste un ejemplo magnífico de lo que debe ser un padre. Tú me ayudaste a ser lo hoy soy, tanto con tu consejo como ofreciéndome un modelo de carácter piadoso. Por ejemplo, me enseñaste cosas como el amor incondicional, el compromiso, la perseverancia y el sacrificio. De ti aprendí a distinguir el bien del mal y que el «color no es más profundo que la piel». Me enseñaste a conceder a la gente el beneficio de la duda y me mostraste lo que significa ser sierva: siempre dispuesta a prestar ayuda sin esperar nada a cambio. Me inculcaste el valor del esfuerzo en el trabajo, la importancia de perdonar y la capacidad de encajar los golpes en tiempos difíciles.

Cuando el Señor nos bendijo a Brian y a mí con hijos, tú fuiste el mejor abuelo que un niño podía pedir. Regalaste gran gozo y risa a sus vidas; sabían que eran la niña de tus ojos. Los recuerdos que les dejaste, y las incontables palabras de ánimo que infundiste a cada uno de ellos jamás serán olvidadas.

A medida que envejecías, y tu vista y tu oído te iban fallando, nunca te oí manifestar una queja. Seguiste modelando una actitud positiva, gozosa. Y cuando se acercó la estación final de tu vida, nos enseñaste a todos a soportar el sufrimiento y afrontar la muerte con coraje, gracia y tranquila fortaleza interior. Tu fe profunda, completa confianza en el Señor y tus demostraciones de amor y de afecto cuando el fin estaba próximo resultaron ser el mejor ejemplo que podías darnos.

Gracias papá, por ser el mejor padre que una hija puede tener.

Te quiere —tu «Putzy»,
KATHLEEN ANNETTE MOLITOR

ÍNDICE

PRÓLOGO

❧ DESPUÉS DE MÁS DE VEINTICINCO AÑOS de enseñar, aconsejar, escribir y ofrecer charlas y conferencias, creo firmemente que el éxito comienza con una visión y se acrecienta con la debida planificación. Es decir, se comienza con una meta u objetivo final en mente y después se confecciona un plan lógico para cumplir la visión. Por ejemplo, si Vd. desea ir de vacaciones, antes necesitará conocer su destino. ¿Hawái? Sería una visión interesante, ¿no?

La visión es sólo el principio. A partir de ahí, comienza el proceso de planificación y cada paso que se da según el plan previsto acerca un poco más al objetivo final. Contactar con las líneas aéreas. Reservar un pasaje. Reservar alojamiento en un hotel. Comprar unas gafas de sol. Y así sucesivamente. Al cabo de poco tiempo, la visión se hace realidad.

Lo que me encanta de *La transformación de la niña en mujer: Obligaciones del padre* es esto: Brian y Kathy Molitor nos proporcionan un modelo para nuestras hijas y un plan completo para proyectarlas hacia la edad adulta. Este libro no malgasta tiempo preocupándose de los problemas que surgen hoy con los niños. Antes nos muestra cómo hacer las cosas bien. En él, usted podrá aprender estrategias prácticas para animar a sus hijos, e incluso a los de otras familias. Los conceptos de tutoría permanente, bendición intencional y ritos de transición para los jovencitos de hoy son absolutamente transformacionales.

Brian y Kathy escriben por experiencia y comparten que tener una visión y un plan específico para el desarrollo de cada miembro de la prole ha influido en la vida de sus cuatro hijos. En este libro nos invitan a compartir los detalles del rito de transición de su propia hija y los eventos preparatorios que conducen a esa noche especial de celebración. Brian enseña a los padres que nuestras palabras, toque y estímulo sirven de catalizadores para el desarrollo de nuestras hijas.

Con independencia de su situación familiar, este libro le proporcionará una visión de futuro para las niñas con quienes comparte su vida y un plan para apoyar su transformación en adultas. *La transformación de la niña en mujer: Obligaciones del padre* es, por una parte, un manual de inspiración, y por otra, un manual práctico que nos asegura que nunca es demasiado tarde para que un padre marque una diferencia en la vida de sus hijas.

Como padre de dos hijas, este libro me ha elevado por una montaña rusa de sonrisas, emociones y grandes recuerdos. Y sobre todo, *La transformación de la niña en mujer: Obligaciones del padre* me hizo recordar el poder de un plan para el futuro de mis hijas. ¡Le encantará!

Dr. John Trent, Ph.D.
Strongfamilies.com
Autor de *2 Degree Difference* y *The Gift of the Blessing*

INTRODUCCIÓN:
LA HIJA DEL REY

ÉRASE UNA VEZ UN MONARCA muy poderoso que regía sobre un gran reino. Sus territorios, en constante expansión, desplegaban una belleza impresionante: montañas y cumbres nevadas, feraces campos, arroyos cristalinos y mares rebosantes de vida. Para delicia de sus súbditos, los dominios de este monarca desbordaban con incontables plantas, animales, peces, aves y otras criaturas maravillosas.

El gran Rey amaba a toda su creación. Sin embargo, su amor más profundo lo reservaba para sus hijos, los pequeños habitantes que poblaban sus tierras. Cada uno de ellos era precioso a sus ojos. Además, cada uno de ellos desempeñaba un papel especial en la expansión del reino. Por tanto, el Rey concibió un plan singular a fin de que todos crecieran seguros y adquirieran conocimiento y sabiduría cada día que pasaba. Su magnífico diseño dejaba poca cabida al azar, especialmente por lo que respecta a sus hijas. Resulta que asignó a cada hija un guarda que la amara y protegiera como si fuera suya propia. Estos gentiles guerreros servían como representantes del Rey y habían jurado reflejar su amabilidad, bondad, amor y provisión.

El proceso de conectar a las hijas con sus protectores era profundamente conmovedor para todos los implicados. Cuando una niña empezaba a respirar, su guerrero ya la estaba esperando. El primer acto que ejecutaba era levantar a la hija en sus brazos, mirar intensamente sus ojitos y prometer solemnemente protegerla, guiarla, enseñarla y amarla a partir de aquel momento. El plan nunca había fallado.

Un día se anunció que iba a nacer otra hija e inmediatamente el Rey llamó a su protector a su presencia. En un tono tranquilo, pero solemne, el Rey encargó al guerrero su sagrada obligación:

—Te he escogido para cumplir esta tarea vital —anunció el Rey—. Tienes todo lo que necesitas para vigilar bien a mi hija. Te han sido concedidas muchas armas con que protegerla. Tus palabras tienen poder para consolarla y hacer ahuyentar el temor. Tus manos tienen poder para sanar sus heridas y fortalecer su confianza, para que pueda llevar a cabo lo que yo le pida.

—Y no olvides nunca —dijo el Rey— que puedes contar conmigo si en algún momento no supieras lo que debes hacer. Pídeme ayuda y te responderé.

El Rey miró al guerrero, uno de sus súbditos fieles, con el orgullo que sólo un padre puede comprender. Sonriendo, su Majestad extendió su mano poderosa y tocó gentilmente al guerrero en la frente. Un gran bienestar inundó al hombre de sabiduría, valor, compasión y amor por la hija que aún no había visto.

—Cuida de mi hija —dijo su Majestad—. Tienes muchas otras obligaciones en esta vida; pero ninguna de ellas es tan importante como ésta. Recuerda, hasta que yo envíe a otro a tomar tu lugar, su vida está en tus manos.

En ese instante, el guerrero se puso de rodillas y exclamó suavemente:

—No le fallaré.

Entonces el gran Rey dijo algo que el guerrero no esperaba:

—Durante años te han venido llamando con distintos nombres. No obstante, la mañana en que llegue mi hija, tu nombre cambiará para siempre. A partir de entonces, recibirás un nombre especial. Tu nombre será *Padre*.

En ese instante el guerrero tembló momentáneamente, pero hizo acopio de fuerzas y acto seguido se puso firme.

—Sí, Majestad —repuso—. Es un gran honor. Me siento orgulloso de ser llamado Padre.

Alborozado, Padre apenas pudo dormir aquella noche. No podía dejar de pensar en los cambios que estaban a punto de producirse en su vida. Dudas, temores y emociones, todos competían por captar su atención. Ésta fue la primera asignación que recibía de tal magnitud. No obstante, Padre estaba dispuesto a aceptar aquel desafío.

Al rayar el alba, nació la hija del Rey. La llamó Pureza. Al lado de la cuna, con toda su armadura, permaneció su Padre. Quitándose el casco, el voluntarioso guerrero levantó a Pureza en alto, en reconocimiento del Rey, y después la acercó a su rostro. Por un instante, Padre se vio a sí mismo reflejado en sus ojos y tembló ante la seriedad del encargo que había asumido. Aunque se daba cuenta de que, en realidad, era hija del Rey, la amó sin dilación como si fuera suya propia.

De repente, la concentración de Padre quedó interrumpida con la llegada del correo del Rey llevando un increíble surtido de regalos únicos para la niña. Cada regalo iba cuidadosamente envuelto y con instrucciones concretas acerca de cómo y cuándo abrirlo. Pureza los usaría para extender el reino. El último regalo concedido era un hermoso anillo, símbolo de que la preciosa niña pertenecía al Rey. Poco después llegó el momento de llevar la pequeña a casa.

Con el paso del tiempo, Padre llegó a ser compañero constante de Pureza. Bajo su cuidado amoroso la niña creció y se fortaleció, como el Rey había planeado. La labor de velar por ella nunca fue fácil, ya que requería constante atención. No sólo tuvo Padre que seguir los pasos de Pureza, también hubo de salvaguardar sus dones. Padre notó pronto que cuanto más tiempo pasaba con Pureza, más importancia perdían los afanes de su vida.

La pequeña aprendía mucho del ejemplo y la enseñanza de Padre. También le enseñó muchas cosas importantes acerca de sus dones singulares y cómo usarlos. El toque amoroso y las dulces palabras de estímulo de Padre moldearon a Pureza conforme el plan del Rey para su vida. Su futuro parecía asegurado en todos los sentidos.

No obstante, un día, sucedió algo espantoso. Padre había llevado a la niña a dar un paseo cerca de la frontera del reino, no lejos de un lugar llamado Pantano. En el borde oriental del reino, había una pequeña región aún inexplorada. En aquel lugar premonitorio, impenetrable brezo y tupidos árboles ocultaban yerbas nocivas y un rezumante cenagal. Criaturas horribles, a diferencia de las que había en el reino, se escondían de los ojos vigilantes de los guardas del Rey.

Aunque Padre era consciente del Pantano, no se preocupó de que Pureza corriera ningún peligro. Al fin y al cabo, él y la hija del Rey habían pasado antes por allí sin sufrir ningún contratiempo. No obstante, este día, en vez de alejarse rápidamente de la oscuridad distante, Padre tomó una decisión que cambiaría para siempre las vidas de ambos.

—Detengámonos un poco —dijo Padre, extendiendo una manta para Pureza sobre la fresca y exuberante hierba—, sólo por un momento; después seguiremos nuestro camino.

Pureza asintió con la cabeza, se sentó y abrió la caja que contenía los dones que le había dado el Rey: nunca iba a ninguna parte sin ellos. Satisfecho de que la pequeña a su cargo estuviera a buen recaudo, el guerrero se sentó apoyando la espalda contra el tronco de uno de los altos árboles que por allí abundaban. Desde este punto de observación, Padre vigiló a Pureza pudiendo ver también el borde del Pantano. Desgraciadamente, no pudo ver a los tres pares de ojos que se asomaban desde el matorral, fisgando cada uno de sus movimientos. Aquellos ojos, como balas resplandecientes de fuego, eran de unas malvadas criaturas de las tinieblas cuyo único propósito en la vida era robar, destruir, y llegado el caso, matar a los hijos del Rey. Padre sabía por experiencia que estas criaturas nunca andaban muy lejos. Y también sabía que no suponían ninguna amenaza para un guerrero que se mantuviera alerta. Sintiendo que estaba justificada su decisión de descansar, Padre se recostó contra la oscura corteza del árbol y sonrió.

Sólo un momento de descanso —se dijo—, *y luego seguiremos nuestro camino.*

Con músculos fatigados trató de hallar un poco de alivio mientras su armadura, tan útil en batalla, se le hacía harto incómoda. Procurando su propia comodidad, Padre se quitó el casco, después el pectoral y el cinturón en rápida sucesión. Recostando su escudo contra el árbol y dejando su espada en el suelo, el guerrero se relajó lentamente. Después se permitió el lujo de cerrar los ojos —tan sólo por un momento—. Al cabo de poco, imágenes de tiempos agradables y lejanos inundaron su cansada mente. La vida anterior de Padre había sido buena y él soñaba despierto con muchas cosas. Viajes a partes distantes del reino. Batallas peleadas y ganadas. Días pasados y días por llegar. Perdido en su propio mundo, Padre perdió de vista a la hija del Rey.

Ahora bien, nunca fue intención de este guerrero eludir su obligación. Padre no tuvo la intención de faltar al respeto al Rey y, ciertamente, su amor por Pureza nunca había sido más intenso. No obstante, empezó a dar cabezadas hasta que se quedó plácidamente dormido. La niña, no sabiendo que su protector se había quedado dormido, se alejó hacia el Pantano en el peor momento posible. Pureza pensó que si se alejaba demasiado, Padre lo advertiría y la llamaría para que volviera, como muchas veces había hecho antes.

El cálido sol, las flores silvestres y las canoras aves creaban un ambiente de ensueño para esta pequeña inocente. Ella no tenía idea de que en pocos segundos su sueño se vería interrumpido y daría lugar a una pesadilla.

Desde su escondite, las criaturas malévolas apenas podían creer su buena suerte. No sólo vagaba hacia ellas la hija del Rey, sino que además, el guerrero que ellas temían se había quedado dormido. Percibiendo una abertura, las asquerosas bestias salieron de las sombras y corrieron hacia la niña a toda velocidad. Cuando Pureza las vio, les sonrió para darles la bienvenida. Sólo había conocido la bondad, de manera que no se podía imaginar lo que estaba a punto de suceder. Como lobos rapaces, las bestias golpearon a Pureza, derribándola con su impulso. Inmediatamente la sonrisa de la niña se trocó en una mirada de terror. Por primera vez en su vida, la hija del Rey sintió dolor y temor. Demasiado asustada como para gritar, Pureza se acurrucó y se cubrió el rostro frente a la terrible escena. Su única esperanza era que el guerrero se despertara antes que fuera destruida.

Las criaturas rodearon amenazadoramente el cuerpo inmóvil de la niña. Agarraron airadas los preciosos dones que yacían esparcidos a su alrededor. Aquellas viles criaturas sabían que cada don era clave para la expansión del territorio del Rey y la destrucción de su propia especie. Uno por uno, arrebataron los envoltorios y los hicieron añicos. El primer don que destrozaron fueron sus *sueños*. Si la niña no acertaba a ver que tenía un gran futuro por delante, a buen seguro sería incapaz de cumplir los planes del Rey. Después, atacaron su *virtud* y su *autoestima*. Sin éstas, ella pasaría años revolcándose en su vergüenza. Una criatura emitió un gruñido al encontrar el don etiquetado *esperanza*. Su mente cruel conjeturó que sin ella la niña viviría largos años sumida en la debilidad y la enfermedad. Envalentonadas por la falta de respuesta del guerrero, las dementes bestias desgarraron su don llamado *fe* como si hubiera estado hecho de alas de mariposa. Luego, la más grande de las criaturas escrutó el anillo que llevaba puesto y aulló con enfermiza delicia. Al darse cuenta de que había sido un regalo especial del Rey, el monstruo le sacó el anillo de su dedito y se lo colocó torpemente en el extremo de su garra ensangrentada. Luego, las tres criaturas se mofaron cruelmente de su aprieto.

—¿Por qué no viene tu gran Rey a salvarte? No te ama en absoluto. Ése que llamas Rey te ha dejado y abandonado —exclamaron las delezanables bestias—. Has perdido sus dones y ya no vales nada para Él. No tienes nada por lo que vivir —Pureza se cubrió los oídos, pero no pudo evitar oír las destructivas voces que rabiaban contra ella.

Cansados de aquel juego perverso, los atormentadores lanzaron su ataque final a la niña, infligiéndole cortes en rostro, brazos y piernas. De vez en cuando se detenían para verla sufrir. Gimiendo suavemente, el alma de Pureza gritaba en silencio: ¿Dónde está Él? ¿Por qué no viene Padre a salvarme?

Girando lentamente a su alrededor, con las garras extendidas, las criaturas se dispusieron a matarla. Pureza yacía abatida y sangrando a causa de los golpes, despojada de su visión, su virtud, su fe y su esperanza. Atormentada con preguntas acerca del amor de Rey y el paradero de su protector, esta hija del Rey dejaría de existir en un breve instante.

Aunque no está claro qué fue lo que hizo que Padre se quedara dormido, tampoco lo fue lo que le hizo despertar. Tal vez oyó los gruñidos de las criaturas cuando se disponían a lanzar su ataque definitivo. Puede que presintiera que Pureza estaba en peligro. Cualesquiera que fuera la causa, el aletargado guerrero finalmente se despertó. Al abrir los ojos, por fin intuyó la gravedad de la escena, se levantó de un salto y entró en acción. El airado guerrero empuñó su espada y corrió directamente hacia el enemigo. Desde lo más profundo de su pecho Padre rugió un grito de guerra. Esta atronadora mezcla de rabia y justicia retumbó en el campo e infundió temor en las bestias. Al unísono, las inmundas criaturas volvieron el rostro hacia Padre, su enemigo declarado. Un segundo grito de guerra del guerrero privó a las bestias del poco coraje que aún les quedaba, de suerte que emprendieron la huida. La mayor de las tres, agarró el fláccido cuerpo de Pureza y echó a correr arrastrándola hacia la oscuridad. Intentando desanimar a Padre, la bestia gritaba en su retirada: «Es demasiado tarde. Ya está acabada. ¿Por qué arriesgar tu vida por ella? ¡Es demasiado *tarde*!».

Estas palabras, cuidadosamente escogidas, lograron momentáneamente que Padre redujera sus zancadas. Se preguntó: «*¿Será demasiado tarde? Quizá sólo debería…*».

Alcanzando a la primera criatura, Padre levantó su espada y le asestó un certero tajo que dividió a la bestia en dos. Recuperando impulso, llegó hasta el segundo monstruo y sin cambiar de ritmo, le clavó la espada en el corazón. La bestia aulló, se tapó en vano su mortal herida y expiró. Levantando la vista, los ojos de Padre contemplaron una escena aterradora. La bestia más grande casi había alcanzado la seguridad de los matorrales, llevando asida entre sus garras la vida exangüe de la hija del Rey. El enfurecido guerrero sabía que a menos que actuara con extrema rapidez, el monstruo desaparecería en las tinieblas y le arrebataría la esperanza de recuperar a Pureza.

Mirando hacia atrás, el ogro se dio cuenta de que Padre se había despertado demasiado tarde y sería incapaz de detenerle. Una mueca de desprecio se dibujó en el rostro repugnante de la criatura mientras se disponía a dar un último salto para ocultarse en la maleza del pantano. Segura de su victoria, la bestia se regocijó de haber mancillado a la hija del Rey y en adelante viviría para contar aquella historia. En su día, la maldad había triunfado, y el reino sufrido pérdida. La batalla había concluido... o al menos eso parecía. Y es que el mal suele subestimar la fortaleza, rapidez y coraje de los guerreros del Rey cuando están despiertos.

Justo cuando la bestia daba su último salto burlón, vislumbró un destello con el rabillo del ojo. Confundida, volvió la cabeza y se encontró cara a cara con el hombre encolerizado. Con los ojos fuera de sus órbitas a causa del miedo, la bestia arrojó el cuerpo de Pureza a un lado e intentó en vano evitar el golpe de espada que se cernía sobre ella.

Rasgando el aire, el poderoso brazo de Padre blandió su espada trazando un sibilante arco. Fue el último sonido que aquella criatura oyó. La espada cayó sobre su carne y decapitó la fea cabeza de aquel monstruo. La inercia de Padre le precipitó sobre el brezo y las rocas que abundaban al borde del pantano, rasguñándose la piel. Él también había resultado herido en batalla. El guerrero se sacudió la ropa, se levantó despacio y miró a la finada criatura. Este demonio nunca volvería a hacer daño a otra hija del Rey. Entonces Padre extrajo el anillo de las rígidas garras del monstruo y cojeó hacia Pureza, temiéndose lo peor.

Ignorando su propio dolor, Padre la encontró boca abajo, inmóvil, sobre la tierra. Se horrorizó ante la gravedad de las heridas. «Llego demasiado tarde», exclamó. Amargas lágrimas resbalaron sobre su ropa ensangrentada. «¿Por qué me quedé dormido?».

—¡Oh soberano Señor, perdóname! —balbuceó. Una mezcla de sangre y de lágrimas le bañaba el rostro—. Aparté mis ojos de tu hija, y ahora ella está muerta. Ya no soy digno de ser llamado Padre.

De repente oyó un sonido que detuvo momentáneamente sus sollozos. Los labios de Pureza emitieron un débil gemido. Milagrosamente,

¡aún estaba viva! Aún había esperanza. Tendiéndole la mano, Padre contuvo su respiración y esperó. Sus ojos, firmemente cerrados, por fin se abrieron y miraron a los suyos.

—Padre, ¿dónde te fuiste?

El guerrero no acertó a responder. Lo único que pudo hacer fue sujetarla y repetir: «Lo siento. Perdóname. Ya estás segura. Nunca más volveré a dejarte sola». Al oír las palabras de Padre, el alma de Pureza se calmó y comenzó a llorar quedamente.

Con mucho tacto, el guerrero herido acercó a la apaleada niña a su pecho y allí la sostuvo hasta que se le secaron las lágrimas. Luego le limpió gentilmente sus heridas y le volvió a colocar el anillo del Rey en su frágil dedo. Como ya empezaba a oscurecer, Padre tomó en sus brazos a la hija quebrantada del Rey y emprendió lentamente el largo retorno a casa.

PRIMERA PARTE

PADRES E HIJAS

RETO HOY,
CAMBIO MAÑANA

EL SENCILLO RELATO ACERCA de la hija del rey es sólo eso: un relato. Un cuento acerca de un padre ficticio que se queda dormido en el trabajo. No es real, ¿o sí? Tristemente, el caso es demasiado real, pues demasiados niños sufren hoy los efectos de una existencia sin padre. Me pregunto qué dirá el guerrero protagonista del relato cuando comparezca otra vez delante del Rey.

—Lo siento, Majestad, estaba demasiado cansado para cuidar de su hija...

—Lo siento Majestad, me distraje...

—Le dije que no se alejara de allí...

El hecho es que, desde el nacimiento de nuestras hijas Dios nos encarga que las cuidemos, las amemos y las protejamos. No hay excusas. Ni excepciones. No cabe dormirse en el trabajo. Pero antes que se cuele la culpabilidad, dejemos claro que todos fallamos en la crianza de nuestras hijas. Todos nos desviamos. Algunos sólo dormimos una pequeña siesta y al despertar descubrimos que nuestras hijas están relativamente indemnes. No obstante, otros hacen del sueño su estilo de vida, y dejan a sus inocentes hijas completamente indefensas frente a las bestias de este mundo.

LA PRESIÓN SOBRE LAS VIDAS JÓVENES

Como padres, debemos entender que nuestras hijas son susceptibles de sufrir presiones emocionales extremas durante sus cruciales años formativos. A menudo, esta presión resulta en depresión, ansiedad, temores, conductas obsesivas/compulsivas, perfeccionismo, promiscuidad y deseo de complacer a otros, con frecuencia a expensas de sí mismas. He aquí algunas estadísticas alarmantes: Según la Oficina Gubernamental de Política Nacional para el Control de Drogas, las adolescentes no sólo han alcanzado a los varones en el uso ilegal de drogas y consumo de alcohol, sino que han sobrepasado a los chicos en consumo de tabaco y abuso de medicamentos con receta. ¿El tamaño del problema? Según la investigación gubernamental, en 2004, último año del que disponemos de datos, un millón y medio de chicas comenzaron a beber, 730.000 a fumar y 675.000 a consumir marihuana por primera vez.

La Oficina Gubernamental señala también que las jóvenes adolescentes que fuman, beben o se drogan corren mayor riesgo de caer en depresión, adicciones y atrofia en el crecimiento. Además, debido a que el abuso de estupefacientes suele ir acompañado de conducta sexual promiscua, es más probable que contraigan una enfermedad de transmisión sexual o que queden embarazadas.

Los anunciantes, percibiendo la vulnerabilidad de las jóvenes, dirigen a ellas sus campañas de venta de bebidas alcohólicas dulces, cigarrillos, pastillas dietéticas y un montón de sustancias varias. Los programas de televisión anuncian un estilo de vida que es cualquier cosa menos saludable y edificante para nuestras jóvenes. Programas como los de la MTV exhiben experiencias del tipo «vacaciones de Semana santa» como un tiempo de lo más divertido. Telespectadores jóvenes, impresionables, son bombardeados con imágenes rápidas y música estridente, como telón de fondo, por todo un grupo de animados jóvenes felizmente entregados al consumo excesivo de alcohol, baile degradante, exposición personal y encuentros sexuales con extraños. Previsiblemente, no se graba el aspecto que ofrece la mañana siguiente ni el daño infligido a los preciosos cuerpos, almas o espíritus de los jóvenes. Hoy día, nuestras jóvenes están sometidas a una presión tenaz, tremenda, para arrastrarlas por la senda equivocada. Como en los cuentos de hadas de antaño, ciertas criaturas invisibles, que adoptan múltiples formas, amenazan a estas jóvenes damas en apuros. Es grande la necesidad que tienen de ser rescatadas: en este momento.

La tarea que tenemos por delante no es para los pusilánimes ni para aquellos cuyo compromiso es débil. Como las criaturas del Pantano, los enemigos andan acechando a nuestras hijas, esperando una oportunidad o un signo de debilidad. Pero también vigilan nuestros actos. ¿Estamos alerta? ¿Enseñamos a nuestras hijas la verdad? ¿Estamos ahí cuando necesitan palabras de amor y afirmación? ¿Somos nosotros los que abrazamos a nuestras hijas debidamente, para que no busquen afecto indebido en otros lugares? Como ya he comentado, ninguno de nosotros lo hace bien en todo momento. Sin embargo, debemos despertar y darnos cuenta de que cuanto más lejos dejemos apartarse a nuestras hijas, especialmente durante las dos primeras décadas de su vida, mayores son las probabilidades de que acaben siendo víctimas.

Las hijas que reciben amor, tiempo y atención de sus padres, por lo general les va bien en la vida. Y a la inversa, las hijas que se ven privadas de amor, tiempo y atención de sus padres, son vulnerables a una gran variedad de ataques. El peligro existe, evidentemente, en los hogares en los que el padre está ausente; pero también acecha en los hogares en los que el padre vive bajo el mismo techo, pero no acierta a proveer tutoría, palabras de bendición, toque sanador y oraciones por sus hijas.

Debemos reconocer que las vidas de nuestras hijas no son cuentos de hadas cuyos finales felices estén prescritos. La amenaza contra cada una de ellas es real, y el final del relato aún está por decidir. En efecto, el reto es tan grande que hará falta un héroe para que todo salga bien. Un héroe llamado… Padre.

POR QUÉ LOS PADRES DUERMEN

Los padres tienen muchos motivos para dormir. Uno de los más comunes es también el más siniestro. En pocas palabras, nos cargamos de actividad y perdemos de vista lo que es realmente importante en la vida, nuestra familia. Esto sucede cuando el trabajo o el tiempo de ocio de papá le apartan de sus obligaciones en casa. Él sale de casa temprano y derrama su corazón en el trabajo. Luego, después de largas horas de esfuerzo, llega a casa exhausto, agotado, necesitado de «espacio». A muchos padres el deseo de triunfar en la empresa y el trabajo les roba las energías y les impide cumplir su responsabilidad sagrada para con los hijos bajo su custodia. Es importante señalar que esta trampa de la sobrecarga ocupacional es igualmente común y desastrosa para los que ejercen un ministerio «a tiempo completo». ¿De qué aprovecha al hombre evangelizar el mundo si pierde a sus hijos?

En el mundo actual, las tasas de divorcio siguen aumentando, lo que es también causa de que los padres se pierdan los años cruciales de desarrollo de sus hijas. Ahora mismo, innumerables niños viven ausentes de sus padres biológicos. Esto origina toda una serie de obstáculos en las relaciones entre padres e hijas, lo que complica la presencia del padre cuando se le necesita.

Por supuesto, debemos asumir la responsabilidad de proveer para nuestra familia; no obstante, la comida, el vestido y el techo nunca podrán suplir el tiempo, la atención y la interacción del padre con sus hijos. Recuerde, papá, cualquiera que sea la excusa, el resultado final del descuido paterno es siempre el mismo: las hijas del Rey quedan desprotegidas y los enemigos andan al acecho esperando.

UNA CONFESIÓN PERSONAL

Confieso que yo fui uno de esos que, en mis primeros años de paternidad, dediqué mucho tiempo a cosas ajenas al desarrollo de mis hijos. Negocios, ministerio, caza, pesca... me ocuparon más tiempo, dinero y preocupación de lo que me gustaría admitir. Sin embargo, cuando mi hijo mayor se acercaba a los diez años, me ocurrió algo maravilloso: desperté.

Al darme cuenta que era necesario hacer algunos cambios deliberados, Kathy y yo comenzamos a considerar en oración la posibilidad de criar a nuestros hijos por diseño, no por desidia. Como es natural, parte de nuestra búsqueda nos llevó a las Escrituras para ver lo que el Padre original nos tenía que decir. Aunque la Biblia está llena de amonestaciones acerca de la crianza de los hijos, un pasaje cambió realmente nuestras vidas: Malaquías 4:6. El mensaje de Malaquías es sencillo: los padres deben volcar (volver) su corazón, mente y atención hacia sus hijos. La palabra *volver* en este pasaje tiene varios significados profundos: regresar, volver a casa, rescatar y volver a llevar. Esta hermosa advertencia nos proporcionó una base espiritual para la estrategia a seguir y nos lanzó a emprender un viaje de búsqueda de maneras prácticas para guiar a nuestros hijos hacia una edad adulta exitosa.

Después de varios meses de estudiar la Biblia y otros libros actuales acerca de la paternidad, y de explorar cómo otras culturas ayudan a sus niños a hacer la transición a la edad adulta, adoptamos un plan tripartito, consistente de tutoría permanente, bendición intencional y rito de transición, que pasó a ser la base de mi primer libro sobre el tema, titulado *La transformación del niño en hombre*. Dicho plan ha ayudado, desde aquel entonces, a nuestros hijos a alcanzar un nivel de madurez que de otro modo habría sido imposible.

El plan es presentado en su totalidad en este libro a fin de ayudarle con sus propios hijos. Tenga en cuenta que este plan no es en absoluto difícil de implementar. Una vez que se desarrolla, se convierte en un maravilloso estilo de vida que exige un poco de tiempo y atención a lo que verdaderamente importa. Como padre, me alegro mucho de haber despertado por aquel entonces.

¿HACIA ADÓNDE IR AHORA?

Para muchos que tenemos hijas, la cuestión no es «¿por qué nos dormimos?», sino «¿qué vamos a hacer ahora que hemos despertado?». Ésta es la pregunta que se hace un padre. Es la única pregunta que merece la pena plantearse. Debemos darnos cuenta de que nunca-es demasiado pronto para que un padre (o futuro padre) conciba un plan para proteger, criar, discipular y amar a su hija. ¡Qué maravilloso es aceptar nuestro papel como tutores, protectores y guías antes incluso de que la hija respire por primera vez! Pero nunca es demasiado tarde para un padre de una hija mayor reiniciar, reclamar y restablecer una relación con ella. El pasado quedó atrás y, una vez que nos damos cuenta de nuestros errores, no hay necesidad de permanecer más tiempo en ellos. Es momento de avanzar. Así es como Kathy y yo lo hicimos.

Comenzamos sencillamente dedicándonos (o re-dedicándonos) al bienestar de nuestra hija. Después concebimos un plan para bendecir su vida, aunque ello significara que las nuestras sufrieran algunos inconvenientes. Después decidimos aceptarla, consolarla y amarla incondicionalmente, con independencia de su edad o situación actual. Como padre, opté por escuchar los sueños de mi hija y afirmar sus planes, proporcionándole así coraje y confianza.

Como parte de nuestro plan, resolvimos que cada vez que falláramos de alguna manera a nuestra hija, siempre le pediríamos perdón y seguiríamos adelante, motivándola a ir en pos del destino del Rey para su vida. Como papá suyo, me comprometí a ofrecerle palabras de afirmación, toque apropiado y amor incondicional para sanar cualquier herida que ella sufriera. Finalmente, mi esposa y yo fuimos conscientes de la necesidad y la responsabilidad de llevar a nuestra hija delante del Rey en oración, reconociendo que sólo éramos mayordomos de sus preciosos hijos.

Este plan puede parecer difícil o complejo. Pero no es ni lo uno ni lo otro. Es un honor y una bendición servir a Dios cuidando de sus hijas de este modo. Recuerde, como padres, madres y mentores, sólo seremos incapaces de ayudar a nuestras hijas si no lo intentamos.

ORACIÓN DE UN PADRE

Así pues, quisiera que Vd., papá, cuando lea este libro, se sienta animado y capacitado para diseñar un plan para cuidar a las hijas del Rey que tenga bajo su custodia. Le aseguro que tiene tiempo, talento y fuerza para ser el guerrero que Dios quiere que sea. Iniciemos este viaje con un breve encuentro con el Rey para pedirle fortaleza para cumplir la tarea que tenemos por delante. Oremos juntamente…

> Padre celestial, quiero ser el guerrero que tú quieres que sea. A veces no he cumplido debidamente mis obligaciones de amar, guiar y proteger a tu hija. A veces me he dormido. Perdóname y llévate mi vergüenza y mi tristeza. Traigo la hija preciosa que me has concedido delante de ti, para pedirte que sanes sus heridas y restaures todo lo perdido, robado o entregado a otros. Ayúdame a medida que la ayudo a llevar a cabo tu plan perfecto para su vida. Amén.

Y ahora, varones de Dios, es hora de despertarnos del sueño, empuñar nuestras espadas, y una vez más andar conforme a la alta vocación de la paternidad. El pasado quedó atrás, y en los días que quedan por delante hay mucho trabajo por hacer. Es nuestra obligación. La obligación de un padre.

Puede que necesitemos una nueva mentalidad para llevar esto a cabo, de modo que sería bueno echar una ojeada a la visión de futuro que tiene un padre para su hija.

2

NUEVA VIDA,
NUEVAS OBLIGACIONES

BUENO PAPÁ, DESPUÉS DE meses de espera, su hija por fin ha llegado. El viaje a casa desde el hospital es una mezcla de gozo y ansiedad. Hoy ha puesto un poco más de atención frente a los semáforos. Lleva a bordo una pasajera preciosa. En seguida, se detiene ante su casa y transporta cautelosamente al nuevo miembro de la familia. La hija se apega a una madre exhausta para mamar leche de vida. Usted merodea asombrado y maravillado. Cansado. Boquiabierto. Feliz.

Poco a poco comienza a darse cuenta que desde ese día en adelante la vida nunca volverá a ser igual. Le cuesta trabajo creer que en un abrir y cerrar de ojos este pequeño, desvalido bulto, balbuceará sus primeras palabras y dará sus primeros e inciertos pasos. Esta sacudida esclarecedora le induce a caer en la cuenta de que muy pronto los que una vez fueran piececitos inestables sacarán a su hija de su casa y la llevarán hacia su destino.

Usted se retira al santuario de su sillón favorito. Con los pies sobre un escabel, su imaginación se mueve rápidamente por entre las innumerables posibilidades que caben para la vida de su hija. *¿Qué le espera en la vida? ¿Fama? ¿Fortuna? ¿Matrimonio? ¿Tristeza? ¿Tendrá usted nietos? ¿Estará ella preparada?*

Después vienen otras preguntas. Más difíciles. Tienen que ver con usted como padre, *¿qué papel debo desempeñar en su desarrollo? ¿Importa realmente lo que yo diga y haga? ¿Estoy preparado?*

Su mente cansada pide tregua a la sucesión indefinida de preguntas. Se va a acostar confiado en que al llegar la mañana ya conocerá las respuestas. Afortunadamente, entorna los ojos y se queda dormido.

Pronto —demasiado pronto— llega la mañana. Suena el despertador, saca lentamente sus piernas fuera de la cama, se restriega los ojos y se arrastra hacia el baño para ducharse y afeitarse. Se viste rápidamente y oye la voz de su esposa hablar quedamente a su preciosa hija. Usted se asombra del cambio que ha experimentado.

—Buenos días, papá. ¿Me vas a echar de menos? La facultad queda a solo cuatro horas de aquí. Papá, ¿se te saltan las lágrimas? Gracias por poner gasolina en mi auto. Bueno, me tengo que ir. La orientación es mañana por la mañana, y tengo que estar instalada en el dormitorio para esta noche. Te quiero mamá. Te quiero papá. ¡Adiós!

La puerta se cierra de golpe en el mismo instante en que su hija sale disparada hacia el futuro, dejándole sumido en un silencio ensordecedor. Usted se queda parado, con los pies pegados al suelo, haciéndose las mismas preguntas que le dieron vueltas en la cabeza hace veinte años. *¿Qué le espera en la vida? ¿Fama? ¿Fortuna? ¿Matrimonio? ¿Tristeza? ¿Tendré nietos? ¿Está preparada?*

Por supuesto, nuestras hijas viven con nosotros más de una noche. Pero como padre de hijos que han abandonado el nido, le puedo asegurar que ésta es la sensación que uno tiene. Se nos concede una pequeña porción de tiempo para invertir en nuestros hijos antes de enviarles al mundo. Es imprescindible que aprovechemos cada momento. Estoy convencido de que la influencia de un padre en su hija, hasta y durante la adolescencia, es inconmensurable. Esto es verdad, tanto si la influencia es positiva como negativa. La realidad es que los padres cuentan con unos dieciocho años para establecer el cimiento sobre el que sus hijos van a edificar su vida.

3

EL GOZO DE UN PADRE

RECUERDO EL NACIMIENTO DE NUESTRA HIJA Jenifer, tercera de la lista, con gran cariño. Los sucesos que condujeron a su llegada prepararon mi corazón para recibirla como don de Dios que era, es, y siempre será. El embarazo de nuestro segundo hijo, Steven, fue un verdadero desafío para todos nosotros. Kathy tuvo que guardar cama casi seis meses (no, no es una errata) debido a un parto prematuro y otras complicaciones. Por fin dio a luz a Steven, y su nacimiento culminó una de las etapas más difíciles de nuestro aún reciente matrimonio. Después de dar a luz, el médico de Kathy le recomendó encarecidamente que, a causa del temporal que acabábamos de capear, no deberíamos intentar tener más hijos. Después de mucha oración, sentimos que Dios tenía en mente más hijos para nosotros, de modo que pusimos el asunto en sus capaces manos.

Quince meses después, creímos que Kathy volvía a estar embarazada. Y al recibir la noticia, los dos reaccionamos desde extremos opuestos. El penoso recuerdo de seis meses de confinamiento de mi esposa le embargó, por lo que ella lloró ante la idea de tener que soportar otra vez aquel martirio. Yo respondí con gran gozo. Me alegré mucho de tener otro vástago, especialmente una hija, para acompañar a Steven y a su hermano mayor, Christopher. Cuando Kathy no estaba atenta, yo me regocijaba calladamente. Poco tiempo después, intercambiamos emociones cuando supimos que era una falsa alarma; Kathy no estaba embarazada. De momento sintió alivio, y Dios usó ese tiempo para sanar su corazón herido. Para mí, fue una tortura pensar que mi esperada hija (tenía la corazonada...)

no iba a llegar. Más de una vez clamé por la hermosa niña que, Dios en su sabiduría, había decidido retener por un tiempo antes de concedérnosla.

Ese mismo año descubrimos que, en efecto, Kathy iba a tener un bebé. En esta ocasión, asombrosa, milagrosamente, el embarazo de Kathy fue perfecto. No hubo parto prematuro ni locas carreras al hospital a media noche. Todo perfecto. En los meses previos al nacimiento, mi amada esposa resplandecía como las mujeres que llevan dentro el don de la vida de Dios. Después de cada visita al médico, dos cosas parecían *seguras*. La primera es que todo iba bien. La segunda es que iba a ser claramente un *niño*. El latido del corazón del bebé, su posición en el útero y una ecografía «bien nítida», lograron convencer a médicos y enfermeras de que Johnny, no Jeni, estaba a punto de salir a este mundo. Mi corazón me decía otra cosa, pero ¿quién era yo para discutir con los médicos?

Permítaseme ceñirme a los últimos minutos del proceso del parto. Así es como lo recuerdo…

Yo estaba junto a mi esposa, intentando mantenerme tranquilo en medio de un caos controlado. Las enfermeras, ataviadas con uniformes pulcros y estampados, corretean de una habitación a otra, comprobando el progreso de las futuras madres. El médico entra en la habitación y, después de un chequeo rápido, anuncia que nuestro hijo va a llegar en seguida. A partir de ese momento, la vida en el paritorio semeja un cuento de hadas: se controla el latido del corazón del feto, las contracciones aumentan en frecuencia e intensidad y yo intento mantener la calma. En un instante, todo parece maravillosamente fuera de control cuando se ejecuta el proceso que nuestro Padre celestial ha escogido para traer a sus hijos al mundo. De repente, después de un último esfuerzo, el bebé abandona el santuario en el que ha vivido los últimos meses y entra en un mundo de luces, sonidos y toque deliberado. El rostro de mi mujer, angélico y exhausto, resplandece. En ese mismo instante, de forma inexplicable, oigo una voz —la mía— exclamar: «¡Es una niña!». Entonces, Jeni respira por primera vez y llora suavemente. El clamor más grande que llena la habitación procede de su padre que nunca ha estado más contento.

Mi gozosa reacción ante el nacimiento de Jeni no es típica en toda sociedad ni compartida por todos los padres actuales. Creo que sé por qué.

LA SOCIEDAD AFIRMA...

La luz errática de una pantalla de televisión parpadea en las caras de una familia que disfruta de una película nocturna. El filme narra la sencilla historia de una joven pareja que lidia con todos los cambios acaecidos en sus primeros años de matrimonio. En cierto momento, la esposa anuncia a su marido que va a tener lugar un bendito acontecimiento: está embarazada. El semblante del marido cambia camaleónicamente de felicidad a terror y de nuevo a felicidad. Un bebé está de camino y hay muchas cosas que hacer. Las escenas siguientes muestran a la pareja remodelando, comprando la cuna, pañales y ositos de peluche. Después de una pausa comercial o dos, llega el gran día. Entonces la cinta relata el viaje desesperado de la pareja al hospital donde son recibidos por expertas enfermeras y el médico de cabecera. A continuación, agitadas escenas muestran la emoción, la angustia y la tensión que acompañan la llegada de un niño al mundo. En las últimas escenas se oye el llanto débil de un recién nacido y se ve un cansado pero feliz rostro de la madre, mientras el padre proclama orgulloso: «¡Es un niño!».

Segundos más tarde, fuera del hospital, un padre sonriente reparte puros a varios colegas que se han reunido para oír la buena noticia. Se estrechan manos, se dan palmadas en la espalda, y estalla una jubilosa celebración. Por encima del jolgorio, esas tres palabras —¡es un niño!— resuenan muchas veces. La película languidece y deja al espectador la cálida y maravillosa sensación de que todo está bien. Pero, ¿es así realmente?

Esas tres sencillas palabras emiten un mensaje inconfundible, no sólo al padre y sus amigos, sino también a los millones de espectadores, hombres y mujeres, que la ven en sus casas. ¿Qué mensaje transmite? Que es maravilloso asistir al nacimiento de un hijo y, por ende, que una hija no lo es tanto. Es decir, que los niños son mejores que las niñas. No resulta difícil imaginar el impacto que esto provoca en los espectadores. Padres e hijos recogen la sutil señal de que ellos son especiales y dignos de ser celebrados. Madres e hijas, quizás sin darse cuenta, absorben el tóxico mensaje de que no son tan especiales como sus compañeros varones. Mensajes como éstos se desvanecen lentamente, si es que en verdad llegan a desvanecerse. Tristemente, suelen arraigar en los corazones y mentes de los oyentes, mujeres y hombres, y crecen lentamente hasta convertirse en paradigmas, patrones y estilos de vida que se alejan mucho de la intención de nuestro Creador.

Al mirar retrospectivamente la segunda mitad del siglo pasado, recuerdo muchos programas de televisión, películas e incluso dibujos animados que de manera sutil, probable e inocentemente, perpetuaban este mensaje: que los niños son de alguna manera mejores que las niñas. Recuerdo a un conocido que hace años me sorprendió con un comentario acerca de su recién nacido. Cuando le pregunté acerca del nacimiento, hizo una mueca como si se estuviera indispuesto y dijo: «Maldita sea, tuvimos *una niña*». Acto seguido sacudió la cabeza con disgusto y cambió de conversación. Yo me horroricé ante su falta de aprecio del regalo que Dios le había dado. También él había creído la mentira de que los niños son mejores que las niñas.

Esta triste perspectiva es evidente en muchas culturas. No obstante, su tenaz presencia resulta difícil de comprender, sobre todo en las sociedades occidentales basadas en fundamentos bíblicos. Yo creo que un estudio cabal de las Escrituras revela dos verdades fundamentales que, cuando son comprendidas, deshacen mucha confusión. Primero, la Biblia *no* dice que el género sea irrelevante cuando se consideran roles y responsabilidades en la iglesia. Tampoco deja la puerta abierta a los revisionistas que desean eliminar cualquier referencia de género con respecto a Dios. Segundo, el canon de las Escrituras deja bastante claro que en términos de valor, las mujeres y los hombres son iguales. Considere Gálatas 3:26-29:

Todos vosotros sois hijos de Dios mediante la fe en Cristo Jesús, porque todos los que habéis sido bautizados en Cristo os habéis revestido de Cristo. Ya no hay judío ni griego, esclavo ni libre, hombre ni mujer, sino que todos sois uno solo en Cristo Jesús. Y si pertenecéis a Cristo, sois la descendencia de Abraham y herederos según la promesa.

Esto declara llanamente que el amor, la atención, los planes y las promesas fundamentales de Dios son para todas las personas, con independencia del género, en virtud de su humanidad. Si es bastante bueno para Dios, también deberá serlo para todos nosotros.

¿CUÁL ES SU CASO?

Si usted ha sido agraciado con una hija, le animo a detenerse un momento y reflejar su actitud hacia ella. ¿Es irresistiblemente positiva o trasluce un poco de decepción? ¿Cómo se desarrolló su perspectiva? Si usted es uno de los muchos hombres que han creído en la mentira de que los niños son mejores que las niñas, deténgase y recapacite. Luego dé gracias a Dios por el gran honor de concederle una hija para amar y proteger.

Mi esposa y yo amamos a nuestros hijos, chicos y chica. Cada uno de ellos es especial y precioso. Sin embargo, por lo que a mí respecta, nunca oí palabras más dulces que: «¡Es una NIÑA!». Eso fue el día del nacimiento de mi hija, y mi aprecio por Jenifer ha crecido exponencialmente desde entonces. En el próximo capítulo, quiero compartir algunos momentos especiales que Dios ha usado para acercarme más a mi hija.

4

REFLEXIONES DE
UN PADRE

AL ESCRIBIR ESTO, YA he sido padre de Jenifer por dieciocho años. Y me maravillo de cómo Dios ha entretejido nuestros corazones durante ese tiempo. Cuando la vida me permite reflexionar detenidamente, un montón de nítidos recuerdos e imágenes me vienen a la memoria.

LLEGADA A CASA

Desde el día en que mi hija llegó a este mundo, me he admirado constantemente de sus cualidades singulares. Me di cuenta en seguida de que era muy distinta a los niños de la casa. Como consultor empresarial internacional y conferenciante, he tenido que pasar buena parte de mi vida soportando el estrés de los viajes. Trasnochadas, vuelos retrasados y soledad se van acumulando y dejando huella, lo que da credibilidad a la famosa frase del *Mago de Oz*: «No hay lugar como mi casa».

Afortunadamente, estos retos hacen también que el retorno a casa sea muy reconfortante, especialmente cuando hay niños pequeños esperando. Con el paso de los años, noté una fascinante rutina que se producía cada vez que volvía a casa de un viaje. Abría la puerta, daba algunos pasos y me agarraba bien para resistir el tropel que estaba a punto de caer sobre mí. El primero en llegar solía ser Teddy, perro que ladraba febrilmente, anunciando al resto de la familia que papá estaba en casa. Después, llegaban los niños, que eran mucho más ruidosos y un poco más salvajes que el perro. Un poco rezagada, esperaba mi esposa, quien había aprendido a ponerse a un lado para no ser atropellada por la tropa lanzada hacia mí. Mi banda de receptores asaltaba la puerta: se ponían a hablar todos a la vez. Echando mano de ese sexto sentido que sólo un padre posee, normalmente acertaba a decodificar el parloteo simultáneo en varios mensajes distintos. Por lo general, uno de mis hijos me preguntaba «¿qué me has traído?».

Otro me agarraba de la mano, solapa, o pantalón y me invitaba entusiasmado a ir a ver su última invención, creación o descubrimiento. Estas cosas solían ser un nuevo truco con el patinete o alguna criatura capturada en el patio trasero. (Mamá no estaba demasiado satisfecha con ella).

Entonces una última voz de niño intervenía y daba justo en el clavo: «Venga papá, vamos a jugar».

No obstante, por algún resquicio del alboroto de esta escena maravillosa llegaba una voz diferente. Gentil. Tranquila. Amorosa. Era la vocecita de Jeni que hacía una pregunta sorprendente: «Papá, ¿qué tal fue tu viaje?».

Esas palabras siempre me entusiasmaban y me convencían de la asombrosa verdad de que Dios creó a nuestras niñas distintas de los niños. No mejores. Ni peores. Sino sólo diferentes.

A pesar de que Jeni echaba de menos a su papá tanto como los otros niños, algo maravilloso dentro de ella dominaba sus propios deseos y alcanzaba el corazón de su cansado papá. Muchas veces se me saltaban las lágrimas cuando percibía su amor puro y su interés genuino. Después de abrazar fuertemente a los niños, me acercaba a Jeni para tomarla en mi regazo y darle un abrazo más largo. Finalmente, su mamá y yo dedicábamos tiempo a reconectar y la vida volvía a ser agradable.

LA CONFIANZA DE UNA HIJA

Kathy y yo nos trasladamos al campo cuando nuestros hijos aún eran bastante jóvenes. Nuestra propiedad tenía un par de lagunas donde solíamos nadar con los niños en el verano. Normalmente, nuestros tiempos en el agua estaban exentos de acontecimientos notables. No obstante, recuerdo un cálido día en particular en el que todo cambió. Mi tribu quería ir a nadar, así que después de recoger las toallas, la crema solar, las chanclas y las gafas protectoras, nos dirigimos al borde del agua. Los dos niños mayores, Chris y Steve ya eran bastante buenos nadadores y por lo general podían valérselas por sí mismos. Jeni, con cuatro años, empezaba a sentirse cómoda en el agua y solía chapotear en la zona poco profunda, no atreviéndose a mojarse por encima de las rodillas. La laguna se inclinaba suavemente desde la orilla una distancia como de unos siete metros, de manera que no había hoyas repentinas para que este guarda salvavidas tuviera que preocuparse. Esto era importante porque tenía que vigilar a dos nadadores, una vadeadora y Daniel, que pasaba buena parte del tiempo durmiendo a mi lado, en la orilla.

Ese día en particular, todo parecía perfecto. El cielo de verano de Michigan estaba azul brillante, con algunos cúmulos de nubes ocasionales que protegían las juveniles pieles. Kathy estaba dentro de la casa descansando y a mí me tocaba «cuidar de los niños». Chris y Steve competían tratando de decidir quién nadaba más rápido, Daniel dormía en mis brazos y Jeni disfrutaba de sus paseos acostumbrados por los vados de la orilla. La vida era buena, al menos de momento. Pero, cuando hay niños de por medio, las cosas pueden cambiar súbitamente. En pocos segundos, mi satisfacción se trocó en temor visceral a medida que los acontecimientos se me escapaban de las manos.

Sentado a no más de siete metros de ella, de pronto me di cuenta que Jeni había superado su temor a las aguas profundas y empezado a avanzar hacia sus hermanos. Como inexperta, razonó que como ella les podía ver sobre el agua por encima de su cintura, no había razón para no llegar hasta ellos. No tuvo en cuenta que ellos eran muchos más altos, y que si daba unos pocos pasos el agua le cubriría la cabeza y no podría respirar. Yo le grité inmediatamente que se detuviera y, sujetando aún a Daniel, corrí a sacar a mi hija. Cuando Jeni oyó mi voz, se volvió hacia la orilla. Pero al girar, perdió el equilibrio y empezó a dar traspiés. En un breve instante, vi que el agua cubría cada vez más su cuerpecito —primero los hombros, luego el cuello y finalmente la boca—. Un paso más hacia atrás, y su nariz quedaría completamente sumergida.

Cuando yo me metí en el agua, noté dos cosas asombrosas. A pesar de que Jeni estaba en peligro, no fue presa del pánico. En realidad, su semblante no se alteró. Una, que mantuvo un aspecto tranquilo y sosegado que le he visto muchas veces en situaciones límite. Otra, que tan pronto como se volvió hacia mí, sus ojos se fijaron en los míos y no los desvió. Ni una sola vez miró al agua que le iba cubriendo cada vez más. Tampoco gritó ni lloró. Su mirada fue muy elocuente. Sabía que su papá estaba allí y de algún modo su guerrero especial se ocuparía del asunto.

En pocos segundos llegué a su lado y la saqué del agua mientras sujetaba a su hermanito con la otra mano. Daniel lloró porque le salpiqué. Yo lloré porque me asusté. Jeni sonrió y se puso a jugar.

UNA TRAMPA MORTAL DE HIELO

Corría el mes de enero, creo que en torno al día quince. El largo invierno de Michigan había llegado a su apogeo, de manera que la nieve y el hielo estaban a la orden del día. Por haberme criado allí, estaba acostumbrado a temperaturas gélidas que rara vez superan el punto de congelación por esa época del año. Aquel día concreto fue de lo más normal —excepto que casi fue el último que yo viví en la tierra.

Me despedí de Kathy y dediqué un minuto a rascar las orejas Maggie, último huésped de la casa, una perra cazadora de raza inglesa. Este hermoso cachorro pertenecía a Jeni, pero sus payasadas nos conquistaron a todos. La alegría de mi hija ante la llegada de su nueva amiga fue algo digno de contemplar, con lo que mereció la pena la limpieza ocasional de alfombras.

Manejé a lo largo del camino de grava para dirigirme al trabajo con la idea de terminar varios capítulos de un libro que estaba escribiendo. El denso bosque que rodea nuestra casa estaba en silencio, cubierto de nieve, y un asomo de sol intentaba a duras penas perforar las nubes. Al rodear la primera laguna, noté que el dispositivo de aireación que había colocado en la parte más profunda funcionaba a pleno rendimiento. Su bombeo constante de burbujas impedía que se formara hielo en una zona amplia del centro de la laguna. Lo había instalado porque unos años antes habíamos perdido muchas truchas a causa del mortífero invierno, debido a que la nieve y una gruesa capa de hielo pueden agotar el oxígeno del agua y matar los peces. Después de conducir un rato llegué a mi oficina y me puse a trabajar en el libro.

Normalmente, pasaba el día en el trabajo y regresaba a casa después de las cinco. Pero ese día, como a la una, sentí un gentil codazo interior indicándome que fuera a casa a comer. Al trazar la última curva hacia la casa volví a ver la laguna. Pasando junto a ella, miré a la derecha y vi su blanca superficie helada. Las burbujas bullían suavemente sobre el agua por encima de la parte más profunda de la laguna. Al volver la cabeza, me llamó la atención un débil chapoteo cerca del borde del agua descubierta.

Detuve mi camioneta y volví a mirar. Me conmovió lo que vi. Allí, luchando por salvar su vida estaba Maggie, el cachorro de Jeni. Debía haber salido de la casa, llegado hasta el borde del agua y caído en ella. Dejé la camioneta en punto muerto, di un salto y me encaminé hacia la orilla de la laguna. El hielo cerca del borde tenía más de 12 centímetros de grosor, más que suficiente para soportar el peso de un hombre adulto. Sin embargo, disminuía hacía la abertura, lo que hacía imposible acercarse para rescatar a Maggie. Después de dar varios pasos, me tendí boca abajo sobre el hielo, y fui acercándome poco a poco al frenético cachorro. Sabedor de que sólo disponía de unos segundos antes de sumergirse y perderse en las aguas oscuras, me di toda la prisa que pude. Una mezcla de adrenalina y la ropa de abrigo que llevaba puesta me protegieron del efecto del frío cortante al deslizarme sobre el hielo. Llegué a extender el brazo y tocar a Maggie, y me estiré para agarrarla del collar. Lo intenté, pero no pude rescatarla. Mientras tanto, ella pataleaba en el agua congelada. A pesar del riesgo, sabía que tenía que avanzar un poquito más o la perdería.

Lo que sucedió a continuación es más un recuerdo borroso que nítido. Recuerdo que moví todo mi cuerpo —justo un par de centímetros más— y ¡CRACK! Sin previo aviso, el hielo debajo de mí cedió y caí de cabeza en el agua helada. La súbita inmersión me produjo tal sobresalto que inhalé como acto reflejo, penetrándome un agua que me abrasó los pulmones y conmocionó todo mi sistema hasta la médula. Tan rápido como me hundí, me agite hasta la superficie y jadeé para respirar. Maggie seguía chapoteando junto a mí. Pero su esfuerzo era cada vez más débil, ya que el agua, a poco más de un grado de temperatura, iba exprimiendo la vida de su cuerpecito.

Mi primera reacción fue llegar al borde del hielo y escapar de la trampa mortal. Con un subidón de adrenalina, me aferré al hielo, me apoyé con todas mis fuerzas, y logré elevarme por encima del agua hasta la cintura. Lo único que tenía que hacer ahora era echarme hacia adelante, gatear fuera del agua, agarrar al cachorro, y el apuro quedaría superado con la misma rapidez con que se había producido. Ojalá hubiera sido tan fácil.

Al intentar inclinarme hacia delante, volví a oír el terrible chasquido del hielo crepitar y resquebrajarse debajo de mí, y volví a hundirme completamente. Intenté hacer lo mismo una vez más pero obtuve el mismo efecto horripilante. Sabía que estaba en un grave aprieto. Entonces, por un instante, me agarré al borde del hielo para contemplar mi suerte. Allí estaba, completamente solo en la peor vicisitud de mi vida. Nadie podría oírme aunque gritara pidiendo auxilio. Debajo de mí el agua tenía una profundidad de unos cinco metros y ya sentía que el entumecimiento me robaba la fuerza cada segundo que pasaba. La ropa caliente que antes me había protegido del aire frío, ahora ayudaba al agua helada tirando de mí hacia la muerte. Sentía literalmente que la vida se me iba, comenzando con los dedos de los pies y ascendiendo por los tobillos, piernas, rodillas y muslos. En un breve instante sería incapaz de arrastrarme hacia fuera. Exhausto, dejé de luchar e intenté desesperadamente ver una manera de salir. En ese momento, supe que estaba acabado. Intuí que sólo tendría treinta segundos más de vida y luego vendría el fin.

Una sensación de calma echó fuera el temor que me agarrotaba. Y mi rostro congelado esbozó una sonrisa cuando me di cuenta de mi situación. Después de todo lo que había pasado en la vida, estaba a punto de morir a menos de cien metros de casa. ¡Qué triste! Por otro instante consideré cómo es que había acabado en aquel desastre. Como hombre que amaba el aire libre, yo conocía el peligro del hielo fino y nunca había corrido peligros en este sentido. ¿Por qué lo había hecho? ¿Por un cachorro? Difícilmente. El mundo está lleno de cachorros. La respuesta tácita me vino en seguida. No había arriesgado mi vida por un cachorro; la había arriesgado por mi hija. Sabiendo cuán triste se pondría Jeni si algo le pasaba a Maggie; había tomado una decisión y estaba dispuesto a asumir las consecuencias, aunque sólo fuera por unos cuantos segundos.

Lo que sucedió a continuación sigue siendo para mí un misterio. Pero justo antes de deslizarme bajo la superficie por última vez, extendí las manos todo lo que pude sobre el hielo e intenté clavar los dedos en algo, cualquier cosa, pero no había nada a que agarrarse. Mi forcejeo había arrojado agua sobre el hielo en torno a aquella abertura y estaba tan resbaladizo como el cristal. Aunque parecía causa perdida, intenté una vez más escapar de aquella tumba acuática. Como en un sueño, recuerdo que emití un gemido que me salió de lo más profundo. Al mismo tiempo, puse mis dedos sobre la superficie y tiré con todas mis fuerzas. Milagrosamente, conseguí salir del agua y tenderme sobre el hielo. Boqueando para poder respirar, intenté mover las piernas pero descubrí que no me respondían. Los pulmones me dolían del frío mientras trataba de comprender lo que acababa de suceder. ¿Cómo había salido? Hasta este día ignoro la respuesta a esta pregunta. Lo que sí sé es que a pesar de estar fuera del agua, la prueba no había aún concluido. Mientras estaba tumbado en el hielo, el deseo de cerrar los ojos y quedarme dormido casi me venció. ¡Estaba exhausto! De repente, el chapoteo me devolvió a la realidad. ¡Maggie! Las patas del cachorro seguían aporreando la superficie del agua, pero en seguida dejaron de hacerlo. Yo rodé sobre mi espalda y extendí mi brazo derecho hacia Maggie, confiando poder agarrarla antes que desapareciera. Sorprendentemente, pude enganchar los dedos en su collar y acto seguido estaba tumbada a mi lado, inmóvil sobre el hielo.

Lenta, dolorosamente, me puse de rodillas y después de pie. Con Maggie en los brazos, empecé a avanzar a trompicones hacia la casa y su vivificante calor. Finalmente llegué a la puerta trasera y ni siquiera fui capaz de hacer girar el tirador. Golpeé la puerta con el codo hasta que mi esposa vino a abrirme. Su brillante sonrisa se trocó en una mueca de temor cuando se apercibió de nuestra situación. Tomó inmediatamente a Maggie y la envolvió en una manta, mientras yo me las arreglé para acceder al baño, abrir el grifo y caer literalmente en el agua, vestido y todo. Al principio, no sentí nada cuando el agua caliente me rozaba la piel helada. Un poco después sentí como si mil agujas me atravesaran y casi me desmayé. Pero al cabo de poco recuperé la sensibilidad en el cuerpo y de mi corazón fluyó una profunda gratitud hacia el cielo. Di gracias por estar vivo.

Maggie fue llevada al veterinario y varias horas después correteaba por la casa como si ella fuese la dueña. Cuando Jeni llegó de la escuela aquel día y se enteró de lo que había ocurrido, nos colmó de abrazos a ambos.

Cuando me pongo a pensar en aquel incidente, me maravillo de dos cosas, La primera, de haber salido vivo de la laguna. Kathy y yo estamos convencidos de que un ángel debió de sacarme, ya que mi fuerza y mi esperanza se habían agotado del todo. Esto me ayuda a saber que el Rey está siempre vigilante sobre sus guerreros, aún de los más descuidados.

La segunda, me intriga el amor tremendo que como padre tengo por mi hija. En el pasado, yo solía admirarme de dónde procedía. Pero ahora lo sé. Fue el Rey quien puso tal amor en mi corazón.

No suelo contar a menudo el incidente de la laguna helada. Sin embargo, cuando lo hago, siempre me vuelvo a preguntar lo mismo: si me encontrara en la misma situación, ¿volvería a arriesgar mi vida arrastrándome por aquella superficie helada? La respuesta es sencilla: Sí. Considero que es la obligación de un padre. No lo lamento.

EL PELIGRO DE NO HACER PLANES

Afortunadamente, la mayor parte de las obligaciones de un padre para con su hija no son tan peligrosas o impredecibles como cuando me hundí en el agua helada aquel mes de enero. Me alegra manifestar que la vida en el hogar de los Molitor suele ser mucho más estable. Un factor estabilizador tiene que ver con un descubrimiento que hicimos. Con el tiempo, Kathy y yo nos dimos cuenta de lo importante que era criar a Jeni y sus hermanos según un plan, no al azar. Un viejo adagio, con grandes implicaciones para la crianza de los hijos en el presente, dice así: «Si no le importa a dónde va, cualquier camino le conducirá hacia allá». Es decir, si no tiene un destino preconcebido, no sabrá si va en la buena o en la mala dirección. En la siguiente sección del libro, veremos formas de concebir un plan para llevar a cabo una tutoría permanente, una bendición intencional y un rito transformacional de transición para su hija.

SEGUNDA PARTE

EL PODER DE UN PLAN

5

LA CRIANZA DE HIJAS POR DESIGNIO, NO POR DEFECTO

DEDIQUEMOS UN MOMENTO A PENSAR en las generaciones pasadas y futuras. Hace muchos años, cada uno de nosotros tuvimos bisabuelos y bisabuelas que se conocieron, se casaron y engendraron la siguiente generación. Nuestros abuelos repitieron el proceso y engendraron la siguiente. Nuestros padres preservaron la tradición y nacimos nosotros. En el curso de nuestras vidas, conocimos a nuestras esposas y engendramos a nuestros hijos. De esta generación proceden nuestros nietos, quienes algún día engendrarán a nuestros bisnietos, y así sucesivamente. He aquí el punto en cuestión: cada generación debe transmitir a la siguiente una herencia, no sólo un nombre y algunas posesiones materiales, sino atributos y cualidades positivos.

MALDICIÓN O BENDICIÓN GENERACIONAL

Todos estamos familiarizados con lo que es una herencia, pero casi siempre la asociamos a cosas como casas, tierras y otras posesiones. En realidad, cada generación tiene la oportunidad de dejar un legado que va mucho más allá de los bienes materiales. Este legado incluye cosas como un carácter sólido, discernimiento espiritual, sabiduría, confianza, destrezas, relaciones, y mucho más. Sin embargo, sin un plan deliberado, es fácil dejar a la próxima generación más cosas malas que buenas. Existe incluso una etiqueta moderna para definir esta condición.

En algunos círculos cristianos, se usa la expresión maldición generacional para describir una situación en la que generaciones sucesivas exhiben el mismo problema, debilidad, o tendencia que la anterior. Aunque creo que siempre hay raíces espirituales de por medio, y que actividades espirituales (como la oración) pueden ejercer una influencia positiva, creo que hay factores adicionales que contribuyen al problema.

Como padres, transmitimos lo malo y retenemos lo bueno por dos razones fundamentales. La primera es que nuestros corazones están lejos de nuestros hijos. Esto significa que pasamos tanto tiempo enfocados en nosotros mismos que perdemos la oportunidad de influir en nuestros hijos de forma positiva. La segunda razón es que nunca nos hemos tomado tiempo para concebir un plan que asegure que estamos transmitiendo lo mejor que podemos ofrecer a nuestros hijos. Hay verdadero poder en un plan y ese poder se puede dejar sentir por generaciones. Debidamente implementado, un plan de esta clase asegurará que las generaciones futuras reciban una transferencia de bendiciones y no de maldiciones.

EL PODER DE UN PLAN

Pocas cosas en la vida salen de la manera que quisiéramos a menos que hayamos concebido un plan para llevarlas a cabo. Y aun así, sobrevienen muchas variables, por eso un plan supone un buen comienzo. Imagine, por ejemplo, qué sucedería si una familia intentara salir un fin de semana de vacación sin hacer ningún plan. ¿Qué pasaría si toda la familia se metiera en el auto y empezaran a circular? La consecuencia de esa especie de disparate sería ciertamente una vacación muy inferior a la que podría haber sido. Es muy posible que la familia no encuentre sitio donde pernoctar ni probablemente sepa qué hacer. Aunque contara con un auténtico golpe de fortuna la familia llegara a un sitio agradable, tal vez una playa, estaría mal equipada para disfrutarlo. La crema solar protectora, bates de golf, ropa adecuada, bañadores, toallas de playa, dinero, etc., todo habría quedado atrás. Del mismo modo, cuando no planificamos estratégicamente el crecimiento y el desarrollo de un niño, ponemos en peligro algo infinitamente más valioso que una vacación: su destino. Y eso podemos evitarlo. *Debemos* evitarlo.

BASES PARA PLANIFICAR

Para muchas personas, planificar es una actividad extremadamente común. Vestirse por la mañana, hacer una visita a la tienda de ultramarinos y concertar programas de trabajo son cosas que implican planificación. La gente no sólo hace planes, sino que también usa muchos artilugios para no apartarse de su trayectoria mientras los pone en práctica. Pilotos manuales, agendas, calendarios, e incluso notas grasientas, garabateadas con premura, sirven todos como recordatorios de que hay tareas que realizar y metas que alcanzar.

Planificar, en su forma más básica, es muy sencillo. Consiste en establecer una meta y después determinar los pasos necesarios para llevarla a cabo. Simple. Valiéndose de este enfoque básico, la gente ha alcanzado metas increíbles. Ríos infranqueables se han sorteado mediante complejos puentes colgantes; Los seres humanos han explorado el espacio y regresado a casa. Se han curado enfermedades gracias a una investigación esmerada y deliberada. Y quizás, en lo que sería la prueba definitiva de la planificación, hay familias que llegan puntualmente a la iglesia… de vez en cuando.

Pocas personas se atreverán a discutir que poco o nada de valor se consigue jamás sin un plan comprehensivo y sistemático. Ahora bien, si esto es verdad, hemos de hacernos una pregunta muy básica: ¿por qué no emplear este enfoque deliberado en la crianza de nuestros hijos?

CÓMO EMPEZAR

El diccionario define la palabra *plan* de la siguiente manera: «diseñar; concebir un diagrama para hacer o disponer algo. Tener en mente un proyecto o propósito. Un bosquejo; un diagrama; un horario; un mapa». Así pues, como padre o mentor uno comienza el proceso de planificación pensando sencillamente en las cualidades que espera ver en su hija a medida que crece. Sugiero que escriba una lista de los atributos que caracterizan a las jóvenes adultas exitosas. Su lista incluirá lo que espera ver en su hija-en-formación en términos de crecimiento físico, espiritual, emocional, vocacional, así como en otros aspectos. También deben ser tenidas en cuenta la higiene, la conciencia social, el aseo personal, la habilidad para relacionarse, los modales, la gestión económica y la compasión por los menos afortunados, y también se deben considerar muchos otros aspectos. Además, tendrá que evaluar qué tipos de apoyo su hija va a necesitar de usted y de otros adultos de confianza para poder desarrollar una autoestima sana.

Una vez que todos estos conceptos hayan sido identificados, tendrá una visión bastante completa de lo que espera desarrollar en su hija, así como alguna idea de lo que va a exigirle iniciar el proceso. A partir de ahí, tendrá que concebir su plan final. Los tres pilares fundamentales de su plan serán la tutoría permanente, la bendición intencional y, en última instancia, el rito de transición para catapultar a su hija a la edad adulta. He aquí como funciona.

PUESTA EN PRÁCTICA DEL PLAN

Pero ante todo, entienda que cada hijo es irrepetible y que ha recibido al nacer dones, talentos y tendencias especiales. Es vital entender esto, especialmente si tiene más de un hijo a su cuidado. Y esto por la siguiente razón: un niño puede sobresalir en las tareas escolares y otro puede tener dificultades sólo porque quiere pasarlo bien con sus amigos. Un hijo puede ser un músico talentoso y otro incapaz de tocar ningún instrumento. Un hijo puede ser una estrella de atletismo, mientras que su hermano menor aborrece el deporte. Como padre o mentor, Vd. debe enseñar a sus hijos que aunque difieran en destrezas, intereses y capacidades, todos valen lo mismo a sus ojos. Si usted favorece a un hijo en particular por causa de su realización, o cierto campo de interés, prestará un mal servicio a los otros.

Al poner en práctica su plan, le sugiero encarecidamente que no intente que todos se ajusten al mismo molde. Al contrario, adapte y personalice el plan para cada hijo basándose en los dones, esfuerzos y habilidades especiales de cada uno. Su hija no tiene por qué oír que no es tan buena, inteligente, diligente, o cualquier otra cosa como una hermana, vecina, o alguna otra persona joven. Las comparaciones hechas por padres o mentores son siempre dolorosas y serán percibidas como maldiciones, no bendiciones, por los mismos niños a los que intentamos motivar.

CLAVES DEL ÉXITO DE SU PLAN: COMPROMISO, TIEMPO Y ORACIÓN

En el sentido más estricto, tres claves aseguran el éxito de un plan estratégico. Éstas son: un compromiso sincero con el plan, dedicar tiempo suficiente a cada hijo para implementar el plan y orar a lo largo del proceso.

Detengámonos un momento en su compromiso y en el tiempo que requerirá para llevarlo a cabo. El mejor plan del mundo *no* cambiará a su hijo a menos que un padre u otro mentor se tome tiempo para implementarlo. Estoy convencido de que entre los trece y dieciocho años de la vida del adolescente son los más importantes por lo que respecta a su triunfo final en este mundo. Es preciso estar ahí para guiar a nuestros hijos usando las sencillas herramientas comentadas en este libro.

Recuerde, su compromiso con su hija acarreará transformación, con independencia de su edad. A algunos padres este enfoque deliberado de la paternidad les puede parecer al principio un poco agobiante. No obstante, le aseguro que es mucho más deseable bregar con el desarrollo de un plan hoy que tratar de solucionar un embrollo más adelante debido a la ausencia de un plan.

Aquí es donde la oración, la siguiente clave, entra en acción. La gente de fe entiende que es sabio invitar al Creador del universo a participar en sus vidas y en las de sus hijos. Una simple oración pone cosas en movimiento que de otro modo nunca sucederían. Una vida de oración abre puertas que de otro modo permanecerían cerradas para nuestros hijos. Recuerde, aunque este libro se ocupa de los roles que desempeñan los padres y otros mentores en la vida de sus hijas, no desdeña en absoluto el hecho de que los niños pertenecen a su Creador. Nosotros sólo somos mayordomos a quienes se nos ha confiado la admirable tarea de cuidar de las hijas y los hijos de Dios durante el breve tiempo que estamos con ellos.

Podemos y debemos desarrollar estilos de vida que incorporen hábitos de oración cotidiana por nuestros hijos. La costumbre de dar las gracias antes de las comidas y por las noches antes de acostarse no sólo acarrea la bendición de Dios, sino también proporciona a nuestros hijos un modelo de conciencia espiritual a seguir. Además, hemos de orar por nuestros hijos cada vez que experimenten cualquier clase de problema, enfermedad o crisis. Soy consciente de que algunos padres pueden sentirse incómodos orando por y con sus hijos; no obstante, este es un aspecto muy importante de un plan piadoso. Veremos este punto más adelante. Recuerde que aunque su plan sea al principio lento e insuficiente, se alegrará de haberlo iniciado. En los capítulos siguientes exploraremos los elementos básicos de un plan detallado. ¿Está preparado? Vamos, papá, sigamos adelante.

6

TUTORÍA PERMANENTE

LA PRIMERA PARTE DEL PLAN se llama tutoría permanente. Ésta es una perspectiva de la paternidad desde la que padres, madres y otros mentores enseñan deliberada o intencionalmente muchas lecciones vitales a los jóvenes bajo su cuidado. Esta enseñanza o proceso de tutoría comienza muy temprano y se extiende durante toda la vida del niño o niña que, a su vez, tutorarán, enseñarán e instruirán a los miembros de las generaciones siguientes. Sin un plan deliberado de tutoría, los padres perderán oportunidades vitales de enseñar a los niños lecciones, carácter, cualidades y destrezas para la vida.

EL MENTOR ORIGINAL

En realidad, el término *mentor* procede de la obra épica griega *La odisea* que relata la historia de Ulises, quien deja a su hijo Telémaco al cuidado de un hombre llamado Mentor. Este padre sustituto protege y enseña fielmente al niño para afrontar la vida en ausencia de su padre. Los mentores actuales adoptan muchas formas, tamaños, edades, géneros y colores. Reciben muchos nombres distintos. En primer lugar, se les llama *papás* y *mamás*. A pesar de algunos informes adversos, el mundo está lleno de padres profundamente dedicados al desarrollo de sus hijos. Otros mentores son: pastores de jóvenes, entrenadores, maestros, abuelos, tíos y tías, hermanos y hermanas mayores, padrastros, padres adoptivos y padres de acogida.

Hay dos verdades fundamentales acerca de la tutoría como parte de un plan general para criar con éxito a sus hijas. En primer lugar, la tutoría, la enseñanza y la instrucción, impartidas por adultos de confianza, son elementos vitales para el desarrollo de la mujer. Cada muchacha ingresa en el mundo ignorando los peligros que la rodean y desconociendo sus propias capacidades y opciones. Las primeras experiencias de dolor y de placer le proporcionan un marco de supervivencia, pero apenas la ayudan a alcanzar su pleno potencial. Lo que determina en gran medida la futura madurez y el éxito de la muchacha es la calidad y la cantidad de instrucción que recibe de otros, especialmente de su padre y su madre.

En segundo lugar, en ausencia de modelos adultos positivos, las jóvenes buscarán sus propios modelos o mentores. El deseo de ponerse bajo el cuidado de alguien más fuerte y más sabio es muy intenso. Así debe ser. Dios puso ese deseo en nosotros como medio para atraernos a nuestros padres, madres y otros mentores comprometidos con nuestro desarrollo. La ausencia de modelos positivos, especialmente el de *padre,* crea un vacío que será rápidamente ocupado por alguien menos cualificado y menos deseable.

CÓMO FUNCIONA LA TUTORÍA

La tutoría de éxito es una mezcla de relaciones estrechas y lecciones bien diseñadas. El tiempo pasado en compañía coloca inevitablemente al maestro y al alumno en el laboratorio de aprendizaje más fértil: la vida. Si usted es lo bastante afortunado como para darse cuenta de la importancia de la tutoría intencional antes del nacimiento de su hija, su plan ya estará en su primera fase el día que su hija llegue a este mundo. No obstante, muchos padres despertamos a esta realidad después de la llegada de nuestras hijas. En efecto, muchos nos damos cuenta de la necesidad de una estrategia de paternidad después de haber experimentado la primera crisis con nuestra hija. Recuerde que nunca es demasiado pronto ni demasiado tarde. Comience dondequiera que se encuentre.

Así es como funciona en su sentido más básico. El mentor se sienta a orar para confeccionar una lista de las lecciones de la vida y cualidades de carácter que desea que su hija experimente o demuestre. A partir de ese momento, el mentor (normalmente papá y mamá) recurrirá a esa lista para cerciorarse de que está enseñando deliberadamente a su hija esas cosas. Por ejemplo, digamos que en su lista figuran las cualidades de carácter de la *diligencia* y la *perseverancia.* Su meta será entonces que su hija crezca y adquiera una fuerte ética de trabajo y resolverá no desistir hasta alcanzar la meta. Entonces comienza la tutoría. Tan pronto como su hija sea capaz de comprender, comience a hablarle del gozo que hay en el trabajo esforzado y en el orgullo de la realización. Anime a la niña a observar y participar en cualquier reparación casera o tarea segura para ella, como fregar platos, cuidar mascotas o ayudar a papá a tapar un agujero en la pared. Cuando son pequeños, los niños pueden acercar herramientas, sujetar una linterna, recoger cacharros limpios, y así sucesivamente. Las tareas de los niños pequeños no deben ser demasiado difíciles ni ocupar demasiado tiempo. A medida que van creciendo, pueden aumentar tanto la complejidad como la duración de las tareas. Mientras tanto, conviene hablar con la niña acerca de lo que se está haciendo y por qué se está haciendo, cómo va a beneficiar a la familia, y por qué es importante acabar una tarea una vez que se ha empezado. De tales tareas pueden surgir y aprovecharse otras lecciones, como la importancia de hacer un trabajo de calidad, limpiar lo que se ha ensuciado y la satisfacción que se siente después de concluir un trabajo bien hecho.

Una lección sobre perseverancia para niños pequeños se puede reforzar después con lecturas o narraciones de relatos adecuados, como *La pequeña máquina que podía*. Los que se perdieron este cuento en los días de su infancia, sepan que se trata de un pequeño y heroico tren que redime el día con duro trabajo y perseverancia. Su confesión inquebrantable de «creo que puedo, creo que puedo, creo que puedo...» siembra magníficas semillas en las fértiles mentes de niñas y niños que un día tendrán que perseverar ante las pruebas de la vida. Por supuesto, no llegará muy lejos con este cuento de cabecera si su hija ya es adolescente. Pero, ¿ha de perderse acaso la moraleja? En absoluto. Tan sólo hay que adaptar su enseñanza o tutoría a otro nivel. Para niños mayores, se puede renunciar al libro y compartir con ellos ejemplos de trabajo esforzado y perseverancia tomados de la vida real. La conmovedora historia de supervivencia de Corrie ten Boom servirá de inspiración a cualquier niña. Michael Jordan no logró entrar en el equipo de baloncesto en su primer año de colegio, y sin embargo llegó a ser uno de los grandes jugadores de todos los tiempos. ¿Cuál fue su secreto? Duro trabajo y perseverancia. Las biografías de personajes como la reina Ester, Thomas Edison, Abraham Lincoln, Margaret Thatcher, grandes aventureros y misioneros como Sir Henry Morton Stanley y David Livingstone, y un largo etcétera, motivarán a los pequeños con las mismas claves sencillas para el éxito: perseverancia y esfuerzo.

UN EJEMPLO PERSONAL

Una de las destrezas cotidianas básicas que yo quería que mi hija aprendiera era entrar en una tienda, interactuar con las dependientas y hacer sus compras. Cosas sencillas, pero esenciales para triunfar como adulta. Cuando Jeni era más pequeña, hacía que me acompañara a las tiendas para observar el proceso de la compra. Camino a casa, le explicaba por qué había sonreído y llamado a la dependienta por su nombre. Además, le explicaba por qué había elegido una marca o producto y no otro. Finalmente, le hablaba de las opciones de pago con cheque, en efectivo, o tarjeta de crédito que yo tenía en cuenta a la hora de pagar el producto.

Cuando Jenifer fue un poco mayor, la hacía ir conmigo a las tiendas y le explicaba lo que quería comprar, y después le hacía analizar los productos y los precios para ver cuál debíamos comprar. El paso siguiente fue entregarle dinero para pagar el producto y poder interactuar con la dependienta. Al principio, esto asustaba a una niña de ocho años que apenas se podía asomar por encima del mostrador. Sin embargo, después de algunos trabalenguas iniciales, Jeni fue ganando confianza y aprendiendo lecciones vitales acerca de tratar a los demás con respeto, el valor del dinero, la importancia de comparar al hacer la compra y muchos otros principios para la vida.

Independientemente de la lección que esperamos enseñar, el proceso es siempre el mismo. Kathy y yo esperamos hasta que se presenta la ocasión de impartir una enseñanza apropiada. Siempre intentamos extraer lecciones positivas de cualquier situación, aunque a primera vista parezca negativa. Hace poco una de las amigas casuales de Jeni rompió un compromiso con nuestra hija para ir al cine con otra compañera. Después de superar el enfado inicial, aprovechamos la oportunidad para discutir lo que es la verdadera amistad, la importancia de cumplir la palabra dada y la necesidad de guardar el propio corazón para evitar un dolor innecesario.

LA TUTORÍA DEBE CAMBIAR A MEDIDA QUE CRECEN LOS HIJOS

Es vital para los padres, especialmente los papás, cambiar su forma de tutorar a medida que crecen sus hijos. En los primeros años de su infancia, debemos proporcionarles mucha dirección y tomar decisiones por ellos. ¿Por qué? Porque sencillamente a esa edad no tienen aún la madurez para tomar decisiones sabias por sí mismos. *Pero* a medida que nuestros hijos crecen y maduran, *debemos* cambiar el enfoque de la paternidad. Esto significa que en vez de decirles lo que tienen que hacer, hemos de enseñarles qué hacer. En vez de establecer reglas unilateralmente, colaboramos con ellos para establecer límites y directrices que les ayuden a cumplir sus propias metas en la vida. Esto significa que, en ocasiones, hemos de permitir a nuestras hijas e hijos tomar decisiones equivocadas. Aunque, por supuesto, debemos vigilar que no se causen perjuicio a sí mismos ni a otros. No obstante, la realidad es que en cuestión de dieciocho años, más o menos, nuestros hijos dejarán de estar bajo nuestra tutela y se forjarán sus propios destinos. Una vez que hayan salido de casa y se aparten de nuestra vigilancia, tomarán casi todas las decisiones por sí mismos. Innumerables jóvenes criados en hogares «buenos», estrictos, acaban tomando decisiones horribles y caen en la droga, la bebida, la sexualidad y otras cosas tan pronto como salen de los límites del hogar. ¿Por qué sucede esto? Porque nosotros controlamos casi todos los aspectos de sus vidas (tal vez pensando que es por su propio interés) justo hasta el momento en que ellos franquean la puerta de la calle. Súbitamente, la niña (o niño) pasa de vivir completamente controlada a ejercer una libertad total. Esto conduce invariablemente a un sinfín de elecciones equivocadas y a veces dolorosas. ¡Cuánto mejor sería instruir a los hijos en la toma de decisiones sabias y prudentes al tiempo que se les concede mayor libertad según van creciendo y madurando! Estoy convencido de que buena parte de la rebelión juvenil se debe al fracaso de los padres en discernir cuándo capacitar y soltar la rienda de sus hijos. La «rebelión» es realmente un alejamiento del control excesivo y el insuficiente respeto a la transición que Dios está llevando a cabo en la vida de los hijos.

EL BALANCE FINAL DE LA TUTORÍA

Las ocasiones para tutorar se producen en cualquier momento por la sencilla razón de que las lecciones de la vida abundan por doquier. La clave del éxito de cualquier relación de tutoría es pasar tiempo en compañía, una buena comunicación y una relación estrecha, sana, entre el mentor y el aprendiz mientras se imparten determinadas lecciones para la vida.

Claramente, incumbe a los padres y a otros mentores entablar relaciones y establecer planes para mantener la interacción con sus hijos. A propósito, no se preocupe por la respuesta de la joven. Será irresistiblemente positiva. La juventud actual está llena de preguntas sobre la vida, las relaciones, el amor, la economía, la naturaleza y una legión de asuntos. Necesitan a alguien que esté dispuesto a ayudarles a explorar las respuestas.

Los que hemos criado niños recordamos la interminable retahíla de preguntas «por qué», que iban disminuyendo a medida que ellos iban creciendo. En cierto momento asumí que el volumen de preguntas había disminuido o cesado porque los jovencitos habían obtenido la mayor parte de las respuestas que estaban buscando. Ahora me pregunto si en realidad los niños no dejaron de hacer preguntas porque estábamos tan atareados que dejamos de responderles. Pero esto tiene que cambiar.

Como padres, tenemos la oportunidad y la obligación de enseñar valores y principios para la vida a la siguiente generación, empezando por nuestras propias casas e influyendo en las iglesias y comunidades. Si concebimos un plan y apartamos tiempo para la tutoría, prepararemos con discernimiento a los hijos para hacer su transición a la edad adulta y también para el resto de sus vidas.

7

LA BENDICIÓN INTENCIONAL DE LAS PALABRAS DE UN PADRE

LA SEGUNDA PARTE DEL PLAN tiene que ver con el concepto de bendición intencional en tres formas: palabras de afirmación, demostraciones afectivas apropiadas y oración. La Biblia está llena de ejemplos de cómo fueron estas formas usadas para transformar vidas. Exploremos algunos, comenzando desde el principio.

EN EL PRINCIPIO...

La Biblia anuncia que en el principio Dios tuvo que afrontar una situación que a muchos nos habría parecido desesperada. Génesis 1:2 describe que la tierra era una masa vacía, sin forma y oscura. No había mucho con que trabajar, pero a un Dios todopoderoso le llevó un día —bueno seis— de trabajo.

Me resulta fascinante que con un número de opciones infinitas a su disposición, Dios escogiera tratar el caos de una manera muy sencilla. En vez de liberar la energía colosal de mil cabezas nucleares para reformar la estructura molecular del caos que ahora llamamos tierra, no hizo más que declarar las palabras convenientes y vio cómo sucedían los milagros. Créase o no, los padres terrenales disponemos de una oportunidad similar de usar cuidadosamente palabras escogidas para poner orden en las a menudo vidas caóticas de nuestros hijos.

LA PRIMERA BENDICIÓN DE LA HISTORIA

La creación de la humanidad. Imagínese la impresionante escena en ese día asombroso. Nuestro Padre celestial acaba de crear al primer hombre, coronado por la hermosura del Edén. Adán se levanta de la hierba tibia y respira por primera vez. El flujo de aire vivificador hincha sus pulmones y desata una sorprendente cadena de procesos internos por primera vez en la eternidad. El corazón del hombre comienza a bombear sangre por las diminutas venas de su cuerpo. Sus músculos se contraen, se estiran y flexionan. Sus ondas cerebrales y miles de fibras nerviosas empiezan a registrar y catalogar cada nueva y maravillosa sensación. El aire que respira está impregnado de suave fragancia de flores que brotan de la tierra fértil. Luego percibe Adán una nueva sensación cual es el *sonido*. Ondas invisibles que emanan de una multiplicidad de fuentes comienzan a fluir por los delicados huesos y canales de sus oídos. La brisa en los árboles, el canto de los pájaros, el arrullo de aguas cercanas son todos registrados en su cerebro. La nueva criatura está lista para la fase final de su despertar. Sus ojos empiezan a abrirse poco a poco y la luz obliga gentilmente a sus nervios oculares a iniciar un frenesí de actividad. Mientras se adaptan, Adán se asombra de la indescriptible belleza del Edén, el lugar que su Padre —nuestro Padre— ha creado para él. Los colores son imponentes. Un sol brillante en un cielo azul y verdor por doquier despiertan en Adán la maravilla de un niño.

El formidable carnaval para sus sentidos se mantiene intacto hasta que escucha un sonido nuevo y distinto; quedo, pero irresistible. Adán vuelve la cabeza para ver lo que todos los hombres, en lo más profundo, siguen anhelando.

UN PADRE DE RODILLAS

La clave de lo que vio Adán se halla en Génesis 1, versículo 28. Ahí descubrimos que lo primero que hace Dios por la humanidad es *bendecirla*. Una vez que se percibe la clase de bendición que Dios le imparte, se logra apreciar profundamente el amor de nuestro Padre celestial. La palabra hebrea *barak*, raíz de donde procede «arrodillarse», se traduce actualmente por *bendición*. Designa un acto de adoración en el que uno prorrumpe en alabanzas y saluda a otro. Ahora bien, si usted concibe a Dios como un ogro cruel y vengativo, entonces éste será para usted un pasaje muy difícil de conciliar en su mente. Pero si al menos está dispuesto a considerar otra perspectiva, este pasaje le entusiasmará.

En realidad, Dios se puede percibir más exactamente como un Padre celestial que anhela tener comunión con sus hijos. ¿Qué cómo lo sé? Porque según las Escrituras, esto es realmente lo que sucedió a Adán en su primer día: volvió la cabeza y vio a su Creador realmente *arrodillado* a su lado. Miró cara a cara el rostro de su Padre celestial. Cuando sus ojos se encontraron, se estableció instantáneamente un vínculo de amor entre ambos. Sin ningún obstáculo. Sin ninguna vergüenza. Sólo amor. La primera visión que tuvo Adán de su Dios y Padre se resume en una palabra hebrea: *Barak*. Arrodillado, enamorado y encantado. Por supuesto, Dios no se inclinó para adorar a Adán. Más bien dobló su rodilla para bendecirle, como haría cualquier padre orgulloso de su hijo. Imagíneselo. He ahí al mismo Dios arrodillado al lado de su hijo «recién nacido», simplemente admirándole. Como un padre moderno, con el rostro aplastado contra el cristal de la ventana de la maternidad para ver mejor la estupenda creación que porta su semejanza, así miró Dios a su hijo y llegó a una profunda conclusión: Mi creación es *muy* buena.

El Padre celestial bendijo a su hijo con sus palabras, su semblante y su postura. ¡Qué gran modelo a imitar!

LA BENDICIÓN DE UN PADRE

Acudamos al Nuevo Testamento para entender mejor la idea de la bendición. En Mateo 19:13, Jesús bendijo a los niños. En ese pasaje aparece la palabra griega *eulogéo* (traducida por *bendición*), que significa «hablar bien de». Ahí descubrimos que la bendición en el sentido del Nuevo Testamento se produce cuando se bendice a alguien con palabras de ánimo y afirmación. Esta idea de bendición tiene un poder inmenso cuando un padre expresa palabras positivas a su hija, con independencia de la edad. El considerar que nuestras palabras pueden servir para apartar a nuestros hijos para propósitos santos es verdaderamente grandioso y no se debe tomar a la ligera. A muchos les resulta difícil comprender que unas pocas palabras sencillas puedan realmente ser tan importantes. Pero no cabe duda. En el libro de Proverbios, el rey Salomón nos advierte que las palabras tienen literalmente poder de dar vida y muerte. Es decir, las cosas que decimos pueden infundir vida, esperanza, gozo y confianza en nuestros hijos o aplastar sus frágiles egos y perjudicar sus identidades en cierne. El discípulo Santiago nos recuerda que de nuestra lengua pueden salir *bendiciones* y *maldiciones*. Por esta razón es imprescindible que padres, madres y mentores conozcan el poder que encierran sus palabras y utilicen ese poder para bendecir a las niñas y jóvenes que ellos tutelan.

CLAVES PARA BENDECIR CON LAS PALABRAS

Sin duda, una bendición se transmite cuando un mayor a quien se debe respeto, como un padre, abuelo o mentor declara palabras de estímulo y afirmación a otra persona, especialmente a un niño. Las palabras que se pronuncian para impartir verdadera bendición *siempre* edifican a la niña en relación a algo positivo. Esto incluye algún aspecto de su vida, como sus habilidades, talentos, esfuerzos, capacidades, aspecto físico o actividades. La bendición también se proyecta cuando un padre u otro mentor confirman su compromiso incondicional con el bienestar de la persona.

Quisiera dejar muy claro que las bendiciones no se deben reservar para las actuaciones destacadas de los jóvenes mejores y más inteligentes. En realidad, aquellos que parecen tener menos talento natural suelen tener mayor necesidad de oír palabras de bendición.

Se puede declarar verdadera bendición sobre toda niña o joven cuando uno sabe lo que está buscando. Demasiados padres son prontos para señalar los defectos y lentos para identificar las cualidades de los jóvenes que tutelan. Sus palabras descuidadas suelen convertirse en maldiciones que mutilan la identidad de sus hijos.

TRES PREOCUPACIONES DE LAS HIJAS

Estoy agradecido por haber aprendido lo que es la bendición intencional cuando mi hija era todavía muy pequeña. Me resultó evidente que las palabras bien escogidas, las demostraciones de afecto apropiadas y la oración desarrollaban su confianza y su carácter, de modo que fue fácil prolongar este estilo de paternidad. Con el paso del tiempo, me apercibí de que la mayoría de los niños combaten contra tres preocupaciones universales: su apariencia, su aceptación por otros y sus capacidades. Como padre, su bendición intencional puede superar cada una de dichas preocupaciones. He aquí cómo.

Bendición intencional acerca de la apariencia

Si se toma un momento para reflexionar, probablemente recordará los tiempos que pasaba en el baño, delante del espejo, descubriendo cosas que no le gustaban acerca de su apariencia. Recuerde, cada niño ha oído o pensado que su cuerpo adolece al menos de un grave defecto. Las palabras de bendición y afirmación de un anciano respetado pueden cancelar la maldición de la imperfección percibida y reemplazarla por una serena sensación de autoestima.

Pertrechado con esta creencia, animé a mis hijos durante años en tales aspectos, especialmente a Jeni, por ser la única chica en la familia. En el caso de Jenifer, comencé con el tema de la apariencia por una razón principal —su altura—. En sus primeros años de escuela, Jeni fue siempre la niña más alta de su clase. No sólo la niña más alta, sino la más alta de todos. En efecto, algunos años ella destacó varios centímetros por encima del niño más alto del colegio. Ya ha dejado de crecer a ese ritmo, pero aún en su juventud mide más de un metro ochenta. Dándome cuenta de que su altura podía ser motivo de preocupación para ella, hice un esfuerzo consciente para declarar bendición sobre su psique cada vez que pensaba en ello. Le decía que era una bendición ser alta (como lo era su papá...) y sentirse orgullosa de cómo Dios la formó. Me encanta informar que hasta el día de hoy ella camina graciosamente con la cabeza bien erguida.

Me rompe el corazón ver a otras niñas altas cojear por la vida, inclinadas y con mirada baja, como si fuera necesario pedir disculpas por su altura. ¡Qué triste es que un padre o madre dejen de bendecirlas en esta cuestión tan importante! ¡Qué oportunidad tienen de hacerlo hoy!

Aceptación por otros

A medida que nuestras hijas van creciendo, se interesan de manera natural en las amistades y especialmente en las relaciones con miembros del sexo opuesto. Esto es normal, natural, y —a pesar de las frustraciones que acompañan— parte del plan de Dios. (De verdad, papá). Del mismo modo, los chicos se interesan por las chicas en torno a la misma edad, lo cual desata dinámicas interesantes. Esto conduce a las primeras llamadas telefónicas balbuceantes, mensajes instantáneos y primeras citas intrascendentes... para algunas chicas. Otras tienen que esperar al margen, lo cual puede ser una mezcla de bendición. Yo me inclino por creer que la mayor parte de las citas que tienen lugar en los años adolescentes están abocadas al desastre. Se rompen compromisos de golpe y porrazo, se cuentan mentiras, se hacen añicos corazones tiernos, se experimenta sexualmente bajo el disfraz del «amor» y, para muchas, este proceso acarrea más dolor que alegría. Muy a menudo, las chicas son arrastradas al terreno de las citas porque desean ser aceptadas por un varón, joven o mayor. Las que no logran ser aceptadas por sus padres suelen buscar compañeros varones para cubrir esa necesidad. Yo estoy muy contento de que los años de colegio de Jeni fueron benignos. Ella fue buena estudiante, buena atleta, hizo prácticas en una corporación y pasó felizmente la mayor parte de su tiempo en casa. ¿Por qué? Porque sabía que era amada, aceptada y valorada por su familia, especialmente por su papá y su mamá. En un periodo de cuatro años, observamos que muchas de sus amigas corrieron de una mala «relación» a otra, sacrificando su autoestima, principios y cuerpos sobre el altar de la aceptación. Los padres podemos proteger a nuestras hijas para que no caigan en estas trampas con nuestra bendición intencional.

La bendición intencional del esfuerzo y la aptitud de la niña

Cuando aún estábamos en fase de crecimiento, muchos nos cuestionábamos nuestras aptitudes en diversas áreas. Ya fuera practicando un deporte, hablando en público, o afrontando algún otro desafío, queríamos hacerlo lo mejor posible, pero a menudo fallábamos en cumplir las metas propuestas. El fracaso solía acarrearnos rechazo y humillación. Consciente de esto, yo deseaba que mi hija tuviera confianza para participar con éxito en cualquier actividad o vocación que ella escogiera. Por tanto, la expuse a una amplia gama de experiencias destinadas a aumentar su confianza y animarla a superar cualquier temor natural al fracaso. La enseñé a pescar, a disparar con pistola, a practicar deporte [no sólo deportes «femeninos», sino también fútbol, paintball (tiro de bolas de pintura), y otros], procurando siempre lo mejor para ella. Cuando Jeni participaba en cualquier actividad, yo me cuidaba siempre de alabar sus esfuerzos, no sólo sus logros. De este modo, ella supo que su padre estaba encantado de verla participar y que mi aceptación no se basaba en que ella fuera la mejor.

De igual manera, siempre animo a Jenifer a decir lo que piensa. ¿Por qué? Porque buena parte de este mundo parece empeñada en impedir que las mujeres se expresen. Esto ocurre en algunas escuelas, empresas e incluso en algunas iglesias. Yo quería que mi hija supiera que Dios la usaría para declarar la verdad y cambiar vidas, como usará a sus hermanos y a cualquiera que se preste a ello.

Con el tiempo, he constatado con orgullo que Jenifer ha hablado en varios eventos con gracia, convicción y admirable unción, a menudo reservada para personas mayores que ella. El ejemplo más reciente de esto ocurrió en el funeral de su querido abuelo Hayes. Todos los miembros de nuestra familia fueron invitados a rendir tributo al papá de Kathy durante el servicio religioso. Uno por uno, nuestros hijos subieron al pódium y compartieron algunos sentimientos profundos acerca del hombre que tanto había influido en sus vidas de muchas maneras. Los tres chicos salieron primero y me sentí muy orgulloso de ellos. Luego salió Jenifer y esperé en silencio que no vacilara ante la emoción del momento. Pero no había por qué preocuparse. Esta joven excelente habló con la madurez de una persona que le doblara en edad. Escrutó lentamente a la audiencia, haciendo contacto ocular y apenas consultando sus notas. Sus refinadas palabras arrancaron sonrisas y lágrimas de los asistentes a medida que presentaba hábilmente preciosos recuerdos de su abuelo. Cuando acabó, Jeni volvió a su asiento y se sentó tranquilamente junto a Kathy. Aun en plena ocasión de grave pérdida para la familia, no pude evitar reconocer que el mismo Dios estaba preparando a la siguiente generación para cumplir su gran propósito. Como padre, me alegré mucho de que mis palabras de ánimo pronunciadas a través de los años la hubieran ayudado a liberar los maravillosos dones que encerraba.

LLAMAR LAS COSAS QUE NO SON COMO SI FUESEN

A veces, uno tiene que seguir el modelo del mismo Dios, quien, según la Biblia, llama cosas que no son [todavía] como si ya fuesen (Romanos 4:17). Es decir, hay que pasar por alto deficiencias presentes y bendecir lo que se esconde muy dentro del niño en espera de ser revelado. He aquí un ejemplo de lo que quiero decir. Desde que era muy pequeña, a Jeni le encantaba la música, especialmente el canto. Dándome cuenta de lo importante que esto era para ella, me propuse en adelante ayudarla. No importa cuán chillona fuera su voz, la escuchaba amorosamente y la aplaudía de buena gana cuando acababa de cantar. Con el tiempo, su voz se fortaleció y aprendió a acompañarse del piano. Si yo no hubiese sido intencional con mis palabras de bendición, podría fácilmente haberla desanimado y provocado que abandonara el canto o la música. Afortunadamente, impartí bendición a sus esfuerzos, no a sus resultados. Como padre suyo, felicitaba a Jeni en todas y cada una de las cosas que hacía bien, en vez de regañarla por lo que no hacía bien. ¿Resultado? Hoy es cantante y talentosa artista.

Es incluso compositora que me reduce a lágrimas con sus bellas letras y melodías. Mi pequeña inversión de bendición ha cosechado un enorme rédito en su música.

CUATRO COSAS QUE TODO PADRE DEBE APRENDER A DECIR A SU HIJA

Las palabras pronunciadas por un padre no cuestan nada y pueden ejercer un tremendo impacto en la vida de su hija. Después de trabajar con padres por muchos años, concluyo diciendo que hay cuatro cosas que todo papá *debe* aprender a decir a su hija. ¿Preparado? Son éstas:

Te quiero.
Estoy orgulloso de ti.
Lo siento.
Por favor, perdóname.

¿Por qué son tan importantes? Porque hemos sido creados por nuestro Padre celestial con un deseo de ser amados, especialmente por nuestros padres y madres. Esto está incrustado literalmente en el alma humana y no debe ser ignorado. Un padre debe expresar sinceramente a su hija de manera regular y continua que la ama.

Luego, todos cometemos errores en la vida. Y como la crianza de las hijas forma parte de la vida, todo padre dice y hace cosas que las ofenden. Cuando ello suceda, hemos de ser prontos en pronunciar «lo siento». ¿Mencioné que estas palabras deben ser sinceras? Por supuesto que deben serlo. Como padres, podemos sanar, dar gozo y paz a nuestras hijas. Cuando no lo hacemos, lo mínimo que podemos hacer es reconocerlo, disculparnos y hacer todo lo posible para que no vuelva a suceder.

Finalmente, la disculpa es una cosa; pero cuando va acompañada de una solicitud de perdón, se convierte en un acontecimiento transformador. Uno no pierde respeto si pide a su hija perdón; lo gana.

Y ahora, papás, practiquemos un poco. Diga conmigo, poniendo el nombre de cada una de sus hijas entre paréntesis:

(Nombre de su hija), te quiero.
(Nombre de su hija), estoy orgulloso de ti.
(Nombre de su hija), lo siento.
(Nombre de su hija), por favor, perdóname.

Bien hecho, papá. Exploremos ahora maneras de añadir la bendición del toque a las palabras.

8

LA BENDICIÓN INTENCIONAL DEL TOQUE AFECTIVO DE UN PADRE

ES EL MOMENTO DE INTRODUCIR en nuestro plan el concepto de bendición intencional mediante el toque apropiado. Una vez que la bendición intencional se vuelve un estilo de vida, los padres aprovechan cualquier oportunidad de afirmar a su hija declarando palabras de estímulo, ofreciendo demostraciones afectivas apropiadas y oración. Esto significa que como padre pasará más tiempo tratando de sorprender a su hija haciendo algo bien y no haciendo mal. Este ajuste puede cambiar vidas, no sólo la de su hija, sino también la suya. En este ambiente, el estímulo sustituye al criticismo, la bendición a las palabras airadas y las manos administran toque vivificador, en vez de perjudicar.

BENDICIONES GENUINAS CONTRA BENDICIONES FALSAS

Cuando los agentes federales reciben instrucción para detectar dinero falso, son sometidos a un proceso fascinante. En vez de analizar billetes falsos, los agentes dedican muchas horas a estudiar dinero *genuino*. Su educación se centra en familiarizarse con cajas de billetes reales de distinto valor. Los agentes en formación hacen uso de sus sentidos durante este proceso. Tacto, olfato, vista. Una y otra vez. Toman un billete, lo examinan, lo manipulan, lo arrugan y escuchan el sonido que hace el papel al doblarse. Después de un tiempo aparentemente largo, los instructores introducen un billete falso entre los genuinos y esperan para ver si es detectado. Como con los otros, los agentes toman el billete falso para examinarlo de cerca. Ciertamente parece legítimo. No demasiado extraño en cuanto a las sensaciones que ofrece. Y sin embargo... algo no anda bien. Finalmente, detectan un defecto, y rechazan el billete como falso. La clave del éxito de los agentes es que llegan a conocer hasta tal punto el artículo genuino que les resulta fácil identificar el falso.

De una manera muy similar, el toque genuino y las palabras sinceras de un padre protegerán a su hija de las «falsedades» con que probablemente se topará algún día. Por esta razón, yo aprovecho toda oportunidad para aplicar este conocimiento a mis interacciones con mi hija. Desde que Jeni nació, utilicé el toque apropiado como medio de familiarizarla con el toque genuino, íntegro, que una mujer de cualquier edad debe esperar de un hombre. Cuando mi hija era pequeña, yo la sostenía en mis brazos. Cuando fue creciendo, procuré oportunidades para abrazarla, atusar brevemente su pelo, forcejear en juegos y cosas por el estilo, tener el contacto físico adecuado con ella. Además, rara vez pasaba Jeni a mi lado sin oírme decir palabras de ánimo, afirmación y bendición. Yo solía mencionar su hermosura y sus talentos y confirmar el plan de Dios para su vida. Finalmente, nunca era tacaño en administrarle un «te quiero».

¿Cuál es el objeto de todo ello? Muy sencillo. Al igual que los agentes federales aprenden a identificar el dinero falso, Jeni necesitaba aprender a detectar lo fraudulento que algún día pudiera acercarse a su vida. Estoy plenamente convencido de que debido a que mi hija ha sentido el toque amoroso de su padre y ha oído decirle «te quiero» incontables veces, ella será capaz de detectar un fraude. Es decir, cuando algún joven se acerque a su vida con malas intenciones, podrá reconocer instantáneamente la señal de alarma. Si él intenta tocarla inapropiadamente, ella notará fácilmente que algo va mal. Además, si el joven en cuestión le dijera las mismas palabras que yo he usado tantas veces para bendecirla, no surtirán el mismo efecto. Un «te quiero» procedente de un joven con malas intenciones sonará como uñas que arañan una superficie lisa para los diestros sentidos de mi hija. Esto es más que una opción para un papá. Es obligación de un padre.

EL PODER DEL TOQUE

Yo me maravillo de la sabiduría y la creatividad de Dios al crear nuestras manos. Las usamos incontables veces al día, sin apenas prestar atención a su habilidad, flexibilidad y sensibilidad. Cada mano contiene veintisiete huesos y doce músculos. Ellas esperan nuestros mudos mandatos para levantar, transportar, girar, tocar, golpear, sacudir, mecanografiar, sujetar y llevar a cabo miles de instrucciones inconscientes. Obviamente estos siervos silenciosos nos facilitan mucho la vida. No obstante, Dios quiso que las manos no sólo cubrieran nuestras necesidades, sino también las de otros y derramaran sobre ellos la bendición del toque.

La investigación científica sigue mostrando asombrosas conexiones entre el toque y el desarrollo tanto de los animales como de los seres humanos. Hace años el psicólogo Harry Harlow experimentó con monos de corta edad y demostró que la falta de contacto físico era muy nociva para ellos. Sorprendentemente, los monos pequeños que veían, oían y olían a sus progenitores *pero no eran tocados por ellos*, desarrollaban graves problemas emocionales y de comportamiento. Los que fueron privados de toque mostraban un comportamiento extremadamente retrasado y caían en hábitos como el acicalado constante, el abrazo a sí mismo, la separación social y el mecimiento.

Por supuesto, nosotros no somos monos. Entonces, ¿tiene esta investigación algo que ver con la raza humana? Sin ninguna duda. Uno de los ejemplos más estremecedores de esta realidad se descubrió en Rumania, donde la dilatada política ruinosa del dictador comunista Nicolae Ceausescu produjo numerosos huérfanos condenados a casi total aislamiento por periodos extremadamente largos. Esos niños estuvieron básicamente almacenados y abandonados, a excepción de los cuidados mínimos y la mala alimentación que recibían. Después que Ceausescu fue ejecutado en la revuelta de 1989, el mundo pudo ver las consecuencias de este tipo de privación en tiernos cuerpos y almas. Por término medio, los niños experimentaron una reducción de crecimiento que oscilaba entre el diez y el treinta por ciento y un horrible retraso en destrezas motoras y desarrollo intelectual. Se acunaban y se abrazaban a sí mismos, como los monos del experimento de Harlow, y se criaron con valores sociales y conductas anormales. ¿Qué ingrediente faltó en su triste infancia? La bendición del toque afectuoso.

EL PLAN DE DIOS PARA LAS MANOS —EL TOQUE APROPIADO

Sabiendo que Dios ha otorgado un enorme poder al toque, como padres debemos empezar a usar este poder para influir en los pequeños a nuestro alcance. No estoy hablando ciertamente de la clase de toque que busca el propio placer o gratificación. Por este motivo, debo añadir la palabra *apropiado* a cualquier comentario acerca del toque. Tristemente, muchas personas han sido tocadas de manera inapropiada. El plan de Dios para el toque es puro, nunca auto-gratificante. Por su designio, los padres nunca deben causar perjuicio ni incomodidad en los que lo reciben, sino más bien ofrecer la clase de toque que transmite aceptación, amabilidad, ternura y amor incondicional.

Vemos un ejemplo maravilloso de esto en Marcos 10:13-16. Este relato bíblico asegura que muchos adultos llevaban a sus hijos a Jesús para que los «bendijese». Por causas desconocidas, algunos de los discípulos intentaron impedir que los niños se acercaran a Jesús. Como es natural, nuestro amable Rey corrigió a sus discípulos y les recordó que el reino que ellos buscaban tenía abundante espacio para todos los niños. Una vez que se acercaban a Jesús los niños experimentaban el amor maravilloso, el toque gentil y las palabras de bendición de Dios encarnado. Según las Escrituras, Jesús tomaba a los niños en su regazo, les imponía las manos y los bendecía. Este mismo relato se halla en otros dos textos evangélicos, por lo que haciendo un pequeño estudio de palabras podemos captar el sentido pleno de lo que en realidad sucedió.

Para empezar, las criaturas que se acercaban a Jesús eran bebés, niños pequeños *y* niños y niñas un poco creciditos. Obviamente, no sostuvo, tocó y bendijo solamente a bebés. La frase «poniendo las manos sobre ellos» procede realmente de la palabra griega *haptomai*, que significa «tocar o manipular algo como ejerciendo una influencia transformadora sobre ello». Como vimos en el capítulo anterior, el último elemento de esta escena es la bendición verbal (*eulogéo*) que Jesús impartió sobre los niños. Combinando estos conceptos, observaremos la belleza de lo que realmente aconteció.

Jesús se ocupaba en los negocios de su Padre cuando los adultos empezaron a traerle niños para que los bendijera. Sus discípulos rechazaron a estos pequeños y trataron de despedirles, supuestamente para que el Maestro se ocupara de asuntos más importantes —cualesquiera que fueran—. Una vez que esto fue evidente, Jesús dejó bien claro que el ministerio a los pequeños no representaba ningún obstáculo para el reino de Dios, sino que era precisamente lo que Dios tenía en mente para el mismo. Los pequeños se acercaron entonces a Jesús, el adulto confiable, quien los atrajo a sí mismo e incluso los sentó en su regazo. Una vez ahí, los niños fueron tocados por manos ungidas, de modo que sintieron su poder, su amor y su aceptación. Antes de alejarse de su presencia, los niños oyeron a Jesús declarar palabras positivas —personalizadas— que afirmaban lo bueno que había dentro de cada uno y el bien que les esperaba en el futuro.

Imagínese el impacto experimentado por cada niño recibido, tocado y bendecido por Jesús. Esos pequeños fueron realmente afortunados, pero una vez que Jesús se fue físicamente de la tierra, ¿se verán privados nuestros hijos de esta clase de bendición? No, si hacemos nuestra parte. Jesús fue y es nuestro ejemplo a seguir en todas las cosas. Nuestro carácter, vida de oración, concepto del bien y del mal, todos brotan de las enseñanzas y la vida de Jesús. No obstante, para que Jesucristo sea verdaderamente nuestro modelo, no podemos detenernos ahí. Nosotros también debemos bendecir a los niños. Primero a los nuestros, y después a los que no tienen a nadie que les tome en brazos y les bendiga. Para hacerlo, hemos de dejar a un lado nuestros propios temores y rechazos y hacer como hizo Jesús con los niños. Tómelos en brazos apropiadamente. Tóquelos debidamente. Bendígalos con palabras que deshagan las muchas maldiciones que oye todo niño o niña. Jesús lo hizo. Nosotros también debemos hacerlo.

EL TOQUE DE UN PADRE

Las palabras amorosas y el toque gentil de un padre proporcionan una protección increíble a las hijas. Estoy convencido de que esto es especialmente verdad a medida que las hijas se van haciendo mujeres. No obstante, después de muchos años ejerciendo un ministerio a los hombres, he descubierto que los padres suelen retener esta clase de afecto paternal de sus hijas precisamente cuando más lo necesitan. Innumerables padres me han confesado que se sienten «extraños» abrazando o mostrando afecto a sus hijas después que éstas alcanzan la pubertad. Esto es comprensible, pero debemos estar dispuestos a superar nuestros obstáculos para evitar que ellas desarrollen los suyos.

Debe tenerse en cuenta de que en la sociedad actual hay muchos hogares en los que las niñas viven con padrastros, tíos y abuelos que desempeñan el papel de padres. Estos hombres pueden ciertamente ayudar a proporcionar parte de la bendición que el padre biológico de la niña debería ofrecerle; sin embargo, estas situaciones se deben enfocar cautelosamente. Un hombre debe siempre pedir permiso para tocar a cualquier persona, incluso a su propia hija o hijastra ya mayor. Es un acto sencillo pero que otorga respeto. Tristemente, demasiados niños han sufrido abusos sexuales y físicos por hombres adultos y, por tanto, se pueden mostrar reacios a cualquier clase de toque. En tanto en cuanto sus motivos sean puros y su corazón esté volcado a bendecir a la hija, ella permitirá finalmente su mano sobre su hombro y, en última instancia, un abrazo amoroso y paternal. Los jóvenes pueden percibir por lo general la sinceridad y, con el tiempo, se abrirán a una expresión pura de amor paterno.

Si siente cierta incomodidad respecto al tema de tocar y abrazar a sus hijas o a otros jóvenes que Dios acerque a Ud., dese cuenta que no está solo. Ud. puede haberse criado en un hogar en el que se mostraba escaso afecto físico, o peor aún, haber vivido una situación en la que el toque era doloroso. No obstante, le sugiero que procure sanidad para sí mismo para que su dolor no le haga retener lo que otros necesitan. Si precisa hablar con alguien acerca de sus heridas y dificultades, llame a un pastor, o consejero para poder ser libre. Luego, bendiga y anime a los jóvenes que Dios ponga bajo su cuidado. Puede hacerlo.

9

LA BENDICIÓN INTENCIONAL DE LA ORACIÓN DE UN PADRE

LAS JÓVENES ACTUALES AFRONTAN muchas clases de retos. A menudo, sus sueños, valores y virtudes están bajo ataque. Como ya advertimos anteriormente, hace falta un plan sistemático de los padres y otros mentores para proteger a sus hijas de estos asaltos. La tutoría permanente las ayuda ciertamente a tomar decisiones sabias mientras navegan por las procelosas aguas de la vida. La bendición intencional proporciona autoestima y evita la búsqueda innecesaria de la aprobación ajena. Un rito de transición oportuno sella la identidad de las niñas que experimentan estos eventos transformacionales. Los padres hemos recibido gran poder para luchar por el honor, la identidad y el destino de nuestras hijas. Pero por muy habilitantes que sean la tutoría, la bendición y los ritos de transición, algunas cuestiones de la vida quedan fuera de su alcance. Afortunadamente, no hay asuntos que escapen al poder de la oración.

LA ELECCIÓN DE UN PADRE

En los últimos meses, he hablado con muchos padres y otros mentores cuyas hijas estaban viviendo circunstancias muy difíciles. Algunas jóvenes afrontaban embarazos no deseados, otras habían perdido su empleo y otras sufrían desórdenes de alimentación. La lista continua: decepciones por experiencias vividas en la escuela. Entrenadores sin piedad que mintieron a las chicas para beneficio propio. Rechazo de amigos. Divorcio. Muchas de estas situaciones eran extremadamente complicadas, y en ciertos casos, algunas personas no deseaban reconciliación o pacificación.

Los padres implicados eran buenos papás que habían hecho todo lo posible por criar bien a sus hijas. La tutoría y las palabras de bendición fueron baluartes de su paternidad, y sin embargo, sus hijas afrontaban situaciones que escapaban a su capacidad natural de influencia. Esto significa que los hombres tenían que escoger una de tres opciones: enfadarse, preocuparse u orar. Confieso que como padre, a veces he escogido las dos primeras opciones, cuando las vidas de mis hijos se vieron afectadas por circunstancias que yo no podía «arreglar» inmediatamente. Más de lo que me gustaría admitir, me enfadé —y aun me enfurecí— con las personas implicadas en la situación. A veces escribí cartas duras, hice llamadas telefónicas, o me enfrenté con los ofensores cara a cara. Ocasionalmente, estas acciones acarrearon buenos resultados. Pero a veces no resolvieron los problemas. ¿Por qué? Porque reaccioné sin antes consultar al que nunca está confuso, ni ofuscado, ni sin salida. Es decir, me olvidé de orar.

¿POR QUÉ ORAR?

Como hombres, solemos lidiar con problemas inclinándonos a uno de los extremos. O nos lanzamos al combate y nos batimos violentamente hasta que golpeamos algo, o nos retraemos y esperamos que las cosas se arreglen por sí mismas. Ninguno de los dos es un planteamiento inteligente, especialmente, por cuanto tenemos otra opción excelente a nuestra disposición. No entiendo por qué es una opción tan difícil, ya que los hombres solemos jactarnos de ser lógicos. Veamos...

Tenemos la opción de zambullirnos y lograr probablemente que empeore una situación, o podemos simplemente pedir al todopoderoso, omnipresente, y omnisciente Creador de cielos y tierra que responda a nuestras peticiones sinceras.

Bueno, caballeros, tomémonos unos segundos para resolver este enigma. ¿Cuál es el enfoque más lógico? La respuesta es obvia, pero suele estar escondida, hasta que la desgajamos en términos sencillos. A veces, no puedo realmente explicar por qué espero hasta que agoto todas las opciones (y a mí mismo) antes de orar por un problema, reto u oportunidad que afecta a mis hijos. Para poder ser efectivo como padre, debo recordar que muchos desafíos que sobrevienen en la vida trascienden a la lógica y requieren discernimiento divino para ser superados.

LA ORACIÓN DE UN PADRE ES NECESARIA CADA DÍA

Hay quienes dicen que las respuestas a todos los problemas de la vida se hallan en la Biblia. Si bien estoy de acuerdo en que las respuestas a *todos* los asuntos básicos están en ella, no comparto que *todas* las respuestas a todos los problemas o dilemas *específicos* estén en ella contenidas. He aquí lo que quiero decir: La Biblia proporciona discernimiento para cultivar relaciones vitales; sin embargo, no indica a su hija con quién debe salir o con quién debe casarse. El libro de Proverbios ofrece sabiduría por lo que concierne a los negocios; pero no aconseja a su hija qué apartamento debe arrendar, qué auto debe comprar, qué oferta de empleo debe aceptar y así sucesivamente. La buena noticia es que aquel que nos dio la preciosa Biblia aún vive hoy y nos ofrece tales respuestas si se las pedimos.

El libro de Santiago señala esto claramente. Santiago 1:5 dice: «Si a alguno de ustedes le falta sabiduría, pídasela a Dios, y él se la dará, pues Dios da a todos generosamente sin menospreciar a nadie».

Este maravilloso pasaje de la Escritura nos brinda la clave para sortear los escollos y aprovechar las oportunidades. Me resulta fascinante que estas palabras acerca de la oración (pedir a Dios sabiduría *es* oración) siguen al pasaje que dice «considérense muy dichosos cuando tengan que enfrentarse con diversas pruebas». ¿Hay una conexión entre ambos? Por supuesto. Dios sabe que las pruebas van a venir, especialmente cuando tenemos que criar a una generación. No obstante, como Él ha prometido, Él proveerá la sabiduría, las respuestas y el discernimiento que necesitamos si tan sólo se los pedimos y no dudamos.

UN EJEMPLO PERSONAL DEL PODER DE LA ORACIÓN

Uno de los asuntos más importantes que las familias tienen que afrontar cuando sus hijos se hacen mayores es dónde enviarles a estudiar. Hasta la fecha, Kathy y yo hemos pasado por esta prueba tres veces, y todavía nos falta una por superar. Por supuesto, investigamos cada facultad y universidad que consideramos y juntamos toda la información que pudimos. Este proceso de descubrimiento nos ayudó a eliminar centros educativos que obviamente ofrecían aspectos negativos. Es decir, no necesitamos ayuda para escoger entre un centro educativo bueno y otro malo. Eso era fácil. No obstante, después de sopesar todos los detalles, encontramos varios centros que ofrecían todo los que nuestros hijos buscaban. La elección oscilaba entre bueno y bueno. De modo que necesitábamos dirección divina.

Como padres, reconocimos que la decisión acerca del centro educativo al que debían asistir nuestros hijos era increíblemente importante. ¿Por qué? Porque los jóvenes suelen tomar algunas de las decisiones más importantes de su vida en esos años cruciales. Sabíamos que era probable que nuestros hijos escogieran carreras y quizás incluso conocieran a sus futuros cónyuges durante ese periodo de cuatro años. No podíamos fallar en esto.

Afrontamos este dilema cuando el hermano mayor de Jeni, Chris, estaba listo para ir a la universidad. Fuimos descartando nombres hasta quedarnos con dos centros excelentes, pero nos costó mucho trabajo tomar la decisión final. Confieso que nos preocupamos por un tiempo, pero nos las arreglamos para hallar tiempo y dejar a un lado la preocupación para ofrecer la situación a Dios en oración. Chris no sólo deseaba asistir a una buena universidad, sino además cumplir su sueño de jugar al baloncesto a nivel universitario. Mirando retrospectivamente, puedo ver que nuestras oraciones abrieron avenidas que de otro modo no se habrían abierto para Chris y su decisión vital. Kathy le llevó a visitar el campus de la Universidad Southeastern, en Lakeland, Florida, antes de acabar su último año de colegio. Por aquel entonces, Chris concertó un ensayo con el entrenador del equipo de baloncesto y un tour de la universidad. Kathy pasó el tiempo orando en silencio mientras paseaba por el hermoso recinto, no queriéndose perder ninguna señal o clave del Señor. Resulta que el ensayo de Chris fue tan bien que hubo posibilidad de recibir una oferta para jugar en el equipo al día siguiente. Hasta aquí, todo bien.

La hermosura de la oración es que no hay distancia de por medio, de manera que aunque Kathy y Chris estuvieran en Florida y yo en Michigan, sumamos nuestros esfuerzos para oír de Dios acerca de este importante asunto. La mañana en que visitaron el campus, mi esposa y mi hijo asistieron a un servicio religioso en la capilla dirigido por el presidente, Dr. Mark Rutland. Cuando ellos entraron en el espacioso edificio, abarrotado de jóvenes adoradores, Kathy hizo una última oración silenciosa. Sin yo saberlo, ella pidió a Dios una señal que confirmara que la Southeastern era la universidad donde debía estudiar nuestro hijo. Su petición fue toda una prueba. Ella pidió que una canción particular —«Aclamad al Señor»— fuera cantada durante el culto de aquella mañana. Ahora bien, hay que tener en cuenta que los servicios de capilla de la Southeastern están estrictamente organizados y que el grupo de alabanza habría escogido y ensayado sus canciones con bastante antelación al servicio que se celebraría aquella mañana. Es decir, si ellos no habían escogido esa canción Kathy se sentiría decepcionada.

Bueno, tal como ella lo cuenta, el servicio de capilla dio comienzo con una oración seguida de algunas bonitas canciones interpretadas por el grupo de alabanza. Después de varias canciones, el líder del grupo guio hábilmente al millar de asistentes (en números redondos) a un tiempo de adoración. Mi esposa sólo pensaba en su petición de oración y en que la música escogida confirmara nuestra elección. Después de tres bellas canciones, el líder anunció que iban a cantar la última. Kathy, convencida de que Dios iba a confirmar nuestra elección, esperó en confiada expectación. Después de una pausa momentánea, la potente voz del líder de alabanza resonó en el auditorio interpretando una canción —lo habrá adivinado— que *no* era la que Kathy había solicitado al Señor.

Entonces, en vez de disfrutar de la bella canción, Kathy se sentó a forcejear para ver qué hacer. Al fin y al cabo, ella no era una mujer que pusiera un «vellón» de confirmación a la ligera, de aquella manera. Realmente sintió en su oración matutina que el Señor le había puesto en el corazón pedir en silencio esa canción especial.

Cuando el último número musical había concluido, un miembro del personal se acercó a la plataforma para hacer una oración introductoria. Obviamente, la adoración había terminado. Los músicos, una vez acabado su repertorio, siguieron tocando discretamente, aderezando un acompañamiento de fondo. La confianza de Kathy quedó truncada y mentalmente empezó a prepararse para otra ronda de visitas a universidades. De repente, el miembro del personal hizo algo bastante desacostumbrado. Antes de orar, se dio media vuelta, se acercó al líder de alabanza y le susurró algo al oído. El miembro del personal hizo entonces una oración de bendición sobre toda la audiencia. Cuando acabó, el grupo de alabanza estalló en una atronadora versión de «Aclamad al Señor». Kathy se quedó absolutamente estupefacta. Era la confirmación final, inconfundible, que necesitábamos. Chris se matriculó en la Southeastern tan pronto como llegó a casa.

Como padres, debemos entender que tales decisiones son vitales, así como el rol que juegan las oraciones a la hora de decidir. Pensándolo bien, es fácil darse cuenta por qué la Southeastern era el lugar correcto para nuestro hijo mayor: no sólo se incorporó al equipo de baloncesto, sino que además fue nombrado capitán del grupo en su primer año. Ese mismo año, su equipo ganó el campeonato nacional y estableció varios records en la propia universidad. Además, Chris fue elegido presidente del cuerpo estudiantil en su último año. Por el camino, hizo amistades duraderas y aprendió mucho acerca de sí mismo, su mundo, y el Dios que había creado todo. ¿Podría todo esto haber acaecido en otra universidad? Tal vez, pero probablemente no. Por medio de la oración, la voluntad de Dios para nuestro hijo fue manifiesta y el joven recibió un espaldarazo hacia su futuro y su destino. Gracias a la oración.

AHORA LE TOCA ORAR A UD.

Padres, madres, mentores, por favor comprométanse a orar por las mujeres jóvenes y mayores en sus vidas. Ellas necesitan nuestras oraciones diarias mucho más que nuestra preocupación. Cuando oramos, las ponemos en manos de su Padre celestial y bajo su cuidado amoroso. Ésta es la bendición intencional suprema.

EL PLAN PARA NUESTRAS HIJAS está tomando forma. Hemos descubierto cuán importante es tutorarlas y enseñarlas sobre la vida, el carácter y la integridad. Además, descubrimos la asombrosa influencia que nuestras palabras positivas, toque y oraciones pueden tener. Después, tenemos que ayudar a nuestras hijas a hacer la transición de la niñez a la edad adulta. Esto se puede lograr mediante una significativa ceremonia ritual de transición que se celebra en la adolescencia.

TERCERA PARTE

FUNDAMENTO PARA
LAS CELEBRACIONES

10

EL RITO DE TRANSICIÓN DE LA NIÑA: POR QUÉ ES IMPORTANTE

TODAS LAS NIÑAS QUIEREN SABER: «¿Cuándo seré una mujer?». Todos los niños quieren saber: «¿Cuándo seré un hombre?». El rito de transición responde a estas preguntas de una vez por todas. He aquí por qué:

Un «rito de transición» es una ceremonia en la que personas mayores y respetables otorgan estatus de edad adulta a un adolescente.

He tenido tiempo suficiente para ponderar el impacto que los ritos de transición provocan en la juventud actual. Al principio me preguntaba si un rito de estas características realmente ayudaría a chicos y chicas a ingresar en la edad adulta. Después de participar en numerosas ceremonias y de comprobar el efecto que causaba tanto en los protagonistas como en los asistentes, cambié el enunciado de la pregunta «¿dará resultado?» por esta «¿*por qué* da resultado?».

Hoy, después de analizar durante más de una década esta idea revolucionaria, entiendo al menos algunas razones por las que los ritos de transición son tan eficaces en la vida de los adolescentes. Fundamentalmente, los ritos de transición funcionan porque atienden a la pregunta «¿cuándo me puedo considerar adulto?», que todos los jóvenes necesitan responder.

En realidad, la respuesta a esta pregunta es sencilla y a la vez profunda: las chicas se hacen mujeres y los chicos hombres *cuando los mayores de su familia y/o la sociedad en general les declaran como tales.*

Esta profunda verdad ha sido bien comprendida por muchas culturas e innumerables generaciones. El siguiente relato acerca de la transición de una niña navajo a la edad adulta es sólo un ejemplo de lo importante que puede ser un rito de transición.

KINAALDA: LA TRANSICIÓN DE UNA NIÑA

El pelo negro azabache de Celeste ondea cuando corre, levantando pequeñas motas de polvo rojo en el aire en cada zancada que da. Aunque cansada por no haber dormido bien y adolorida por la rigurosa prueba, el ritmo de la joven sigue siendo firme. Hoy es el último día de celebración de su paso a la edad adulta. La ceremonia de este rito de transición, llamada Kinaalda, comenzó hace cuatro días y pronto terminará. Cada día Celeste ha de correr más lejos y más rápido que el anterior, siempre hacia el sol vivificador.

Celeste era considerada todavía una niña al iniciar esta última carrera, pero a partir del momento en que cruce la meta, será recibida para siempre como mujer por los miembros de su tribu. Esta joven siempre estuvo orgullosa de su herencia americana nativa, pero nunca más que hoy. Mientras corre, Celeste piensa en los muchos parientes que se han dado cita en la reserva de Nuevo México para participar en su Kinaalda.

Celeste recuerda los acontecimientos de los últimos días:

Mi Kinaalda empezó cuando entré en la choza, donde mi madre y mis tías me ayudaron a prepararme. Primero me cepillaron el pelo con un cepillo especial de tallos herbáceos y luego me lo ataron con un lazo de ante. Después, mi familia cantó muchas oraciones. La primera duró casi treinta minutos; otras, más de una hora. La primera mañana me ataviaron con un bonito vestido rojo y negro que mi tía había confeccionado y ribeteado con conchas de plata. Acto seguido, mi madre me colocó un grueso lazo turquesa sobre el cuello y yo me até los mocasines de ante hasta las pantorrillas. Todo esto sólo fue el comienzo de mi Kinaalda, mi camino de bendición.

Después, el curandero dijo a mi madre que para «moldearme» en la mujer que iba a ser tenía que imponerme las manos sobre la cabeza, el estómago, los ojos y los pies. Luego, muchas personas se me acercaron para que las tocase. Sentí poder en las manos al tocar a niños pequeños y ancianas abuelas. Verdaderamente, el «Gran espíritu» estaba allí. Después de acabar el moldeado, emprendí la primera carrera del día. Salí de la choza y me dirigí hacia el levante, por donde amanece cada día, seguida de muchos familiares y amigas. En la primera carrera, recorrí más de media milla y luego regresé. ¡Estaba emocionada! Y ahora… la celebración casi ha terminado.

Para respaldar su aventura, los abuelos, padre, madre, tías, tíos y amigos de Celeste apartaron varios días para mostrarle su amor. En efecto, desde su comienzo, más de cuarenta personas participaron en su ceremonia especial. Todos se han esforzado, especialmente sus parientes más cercanos, en cocinar, limpiar y orar por ella.

Cada día de su Kinaalda, Celeste ha trabajado, orado y corrido. Para preparar su último día, ha tenido que ocuparse de uno de los aspectos más importantes de su ceremonia de transición: cocer un gran dulce en la tierra. Esto puede parecer un asunto de poca importancia, pero no es un dulce cualquiera. Se cuece en un hoyo escarbado en la arena de más de un metro de diámetro y treinta centímetros de profundidad. Se usan como ingredientes harina de maíz —alimento básico de su pueblo—, agua y un edulcorante. El proceso de elaboración es fascinante. Primero, se prepara un fuego en el hoyo para calentar la arena. Después, se prepara la mezcla a mano. Esto significa que Celeste ha tenido que batir la mezcla durante casi una hora antes de cocerla. Luego, la joven cose perfollas de maíz para recubrir el dulce. Falla en su primer intento: es a la vez reprendida y animada por sus parientas que observan cada uno de sus movimientos. Después de horas de trabajo, pone por fin la masa en el hoyo para cocerla. Mucho simbolismo acompaña a este importante trámite. Se instruye a Celeste que rocíe con harina de maíz la masa para bendecirla. Las demás personas reunidas para su Kinaalda siguen su ejemplo y rocían el dulce con harina. Luego se cubre el dulce y se pone fuego encima para que cueza hasta la mañana siguiente. Si todo va bien, se comerá después de la última carrera.

Una vez que el dulce es puesto en tierra, Celeste vuelve a la choza para dedicar una noche a la oración. Debe permanecer despierta hasta el amanecer para recibir la bendición que otorgan las plegarias. Cada dicho sagrado la introducirá en el *Pueblo santo* que vigila a los navajos y pedirá al «Gran espíritu» que la proteja en su jornada por la vida. En la choza es acompañada por el curandero y muchos otros adultos que le ayudarán a perseverar durante la vigilia. Desde el atardecer hasta el amanecer, Celeste debe permanecer sentada con las piernas estiradas y la espalda derecha. El animoso coro de parientes que la rodean en esta noche sagrada alivia su dolor.

Poco antes del amanecer, inicia su última carrera. Sus familiares y amigos enmudecen cuando se descorre la manta que cubre la puerta de la choza para que entren los primeros rayos de sol. Celeste sale de la choza y corre la misteriosa carrera durante la cual esta niña se transforma en mujer. Corre velozmente —más rápido y más lejos que nunca—. Fortalecida por las oraciones y apoyada por su familia, se lanza por el camino polvoriento hacia el amanecer.

Casi he terminado, Celeste se anima a sí misma. *Mi niñez casi ha concluido. ¡Estoy preparada para iniciar esta nueva etapa de mi vida!*

Cuando Celeste regresa está cansada, pero se siente feliz. Se acerca prontamente al dulce que se ha estado cociendo toda la noche y quita la cubierta. Su madre saca el dulce bien hecho y anuncia que está perfectamente cocinado. Celeste suspira aliviada. Algo de inferior calidad sería una mala señal.

Ya sólo quedan por hacer dos tareas en su ceremonia de transición. Una vez más, la gente se acerca a Celeste para imponerle las manos y bendecirla. A continuación se parte el dulce en pedazos que se ofrecen a familiares y amigos. Los pedazos centrales quedan reservados para huéspedes especiales como su abuela y el curandero.

El dulce es consumido y la ceremonia se aproxima a una clausura pacífica. La joven mujer navajo descansa ahora antes de volver a casa. Su gozo es incontenible. La joven ha finalizado su carrera. Celeste ya es una mujer.

EL DILEMA MODERNO

La ceremonia Kinaalda es evidencia fehaciente de que los padres navajo tradicionales entienden lo que muchos padres en nuestras sociedades modernas han olvidado o nunca supieron. Esto es, cuando una cultura decide establecer un curso estratégico, sus hijos se hacen adultos por designio, no por defecto. Ciertamente, la cultura navajo no es la única que implementa estrategias para transformar a sus hijas en adultas productivas. Por ejemplo, la cultura judía cuenta con una ceremonia de ingreso en la edad adulta denominada Bar Mitzvah. Estos ritos de transición se celebran con reverencia, honran las tradiciones del pueblo judío y remiten a sus hijas a la edad adulta. Otras ceremonias, celebradas en junglas remotas, estiran a las niñas hasta el límite de sus fuerzas para dar a entender que ha tenido lugar su transición a la edad adulta. Los efectos de estos eventos son convincentes e irresistibles. Por supuesto, es importante tener en cuenta que las culturas que más efectivamente recurren a ritos de transición también invierten bastante tiempo en sus niñas antes del evento especial. Los adultos interesados proporcionan instrucción, tutoría, corrección, palabras de bendición y otras cosas que preparan a sus hijas para superar el rito de transición. No obstante, tanto si un rito de transición implica pruebas de resistencia, mayor discernimiento espiritual o sacrificio personal, todas estas cosas producen resultados casi milagrosos. Cuando el evento ha concluido, la niña ya es mujer, está mejor preparada para aceptar nuevas responsabilidades y encaminarse audazmente hacia su destino.

En marcado contraste, nuestra sociedad moderna, supuestamente avanzada, está básicamente desprovista de tales ceremonias para sus hijas. Se contenta con la idea de que, de algún modo, la edad adulta sobreviene inevitablemente con el paso del tiempo. ¡Qué grave error! Los niños hacen una mejor transición a la edad adulta cuando los mayores de la sociedad en que viven les reciben por medio de significativos eventos transicionales. En otras culturas, chicos y chicas aceptan las confesiones que los padres y otros mayores declaran sobre la madurez como verdaderas. Tan pronto como alcanzan la edad apropiada y participan en sus ceremonias de transición, los adolescentes son aceptados como adultos. Inmediatamente después, *comienzan* a vivir conforme a las expectativas de los adultos. Enfatizo el verbo *comienzan* por una razón muy importante. Hay una diferencia notoria entre la edad adulta y la madurez.

EDAD ADULTA FRENTE A MADUREZ

Aunque un rito moderno de transición otorgue instantáneamente al joven celebrante la designación de hombre o mujer, junto con otras responsabilidades y libertades, no le hace madurar de forma instantánea. Esto toma tiempo, instrucción, educación y más. Por esta razón, no abogo que se rebaje la edad legal de autorización de ciertas actividades como conducir, beber, votar, casarse o cumplir el servicio militar. Muchos jóvenes no están preparados para abordar estas cosas sin suficiente consejo, tutoría y apoyo de otros. No obstante, esto no se debe a que aún no hayan alcanzado la virilidad o la feminidad, sino más bien a que no han *madurado* todavía.

Hemos de tener en cuenta que los jóvenes actuales necesitan adultos que respondan simple y confidencialmente sus preguntas sobre el crecimiento y les ayuden a franquear la puerta hacia la edad adulta. Un rito de transición, auspiciado por un padre amoroso y/u otros mentores, es ese singular evento que señalará el día especial de transición de la infancia a la edad adulta. Ese día especial responderá para siempre las preguntas de cualquier niño respecto a «¿cuándo?». A partir de ese día, la cuestión que va a dar vueltas en la mente del adolescente tendrá que ver con discernir cómo se comporta un adulto en vez de cuándo él o ella llegará a serlo.

LA PIEDRA ANGULAR DE LA FEMINIDAD

Estoy convencido de que esta celebración aboca a la madurez de la edad adulta, lo mismo que en la enseñanza cristiana ortodoxa la salvación conduce a la santificación. He aquí por qué. Una persona se hace cristiana en el momento en que acepta a Cristo por fe y, en consecuencia, experimenta un nacimiento espiritual. La posición e identidad legal de esta persona corresponden al miembro de pleno derecho de la familia de Dios. La persona nunca podrá ser más cristiana de lo que es en el momento de su aceptación. Podrá llegar a ser espiritualmente mucho más *madura*, pero no más cristiana. La Escritura no enseña que se logra la titularidad cristiana por grados, niveles o edades. Enseña que la aceptación de Cristo es la puerta a través de la cual el individuo ingresa en la fe y es plenamente aceptado en el aprisco.

Por supuesto, se ha de enseñar al nuevo converso en qué consisten las obras del cristiano maduro y cómo llevarlas a cabo. Obras como la renovación de la mente y el corazón conducen a cambios de actitud de la persona, nuevos comportamientos, comunicación y cosmovisión. Cada cristiano pasa, obviamente, por un proceso de maduración. Pero para que sea posible tal maduración, los nuevos conversos deben aceptar que se ha producido una transformación milagrosa, que han pasado de un estado, o condición, a otro totalmente distinto.

Del mismo modo, un adolescente (él o ella) debe aceptar que *es* adulto para que tenga sentido el hacer las *obras* de la madurez adulta. Obviamente, el adolescente no está bien desarrollado física, mental, emocional o espiritualmente. No obstante, mediante el rito de transición el individuo es recibido pública y formalmente en el mundo de los adultos. De sus afectuosos mayores, el celebrante aprende que él o ella fueron creados por Dios para crecer en madurez y que hay buenas obras preparadas con antelación para andar en ellas (véase Efesios 2:8-10). Una vez que los padres y otros mayores declaran formalmente que los jovencitos ya son adultos, éstos estarán en condiciones de experimentar un cambio milagroso. A partir de ese momento, la meta de alcanzar niveles de madurez más altos se torna accesible, no tanto un objetivo irrealizable propio de la edad adulta que uno escoge por sí mismo. De este modo, el rito de transición actúa como puerta que da acceso a la mayoría de edad, tal como la salvación es la puerta que da acceso a la santificación y la madurez del creyente.

Si, por otra parte, los jóvenes no franquean la puerta que da acceso a la edad adulta, estarán condenados a deambular varios años fuera de la esfera deseada. Confundidos y abrumados de preguntas, los adolescentes serán entonces proclives a tropezar en un futuro incierto por defecto, en vez de perseguirlo audazmente por diseño con la ayuda de mayores maduros. Sin una ceremonia que marque la transición a la edad adulta, los adolescentes dedicarán años a intentar descubrir maneras de afirmar y confirmar su propia mayoría de edad. Tristemente, buscarán un *hecho* en vez de un *jalón* para marcar su transición. Los jóvenes actuales están reemplazando en vano el rito de transición por su primer cigarrillo, bebida, encuentro sexual, robo, o algún otro hito, como si éstos fueran auténticos eventos transicionales. ¿Están los así llamados chicos y chicas buenos vacunados contra la insensatez? En absoluto. Aunque puedan evitar algunas prácticas llamativas, suelen perseguir una edad adulta cargada de perfeccionismo, exceso de trabajo, esfuerzo por obtener notas excelentes, pero nunca realmente satisfechos con sus personas. Es infinitamente mejor para los adultos maduros guiar a los jóvenes a ritos de transición definitorios. Estos ritos dan buenos resultados. Examinemos ahora cómo funcionan exactamente en nuestra sociedad moderna.

11

PREPARACIÓN PARA EL RITO DE TRANSICIÓN DE JENI

🍃 CUANDO KATHY Y YO PLANEAMOS el rito de transición de Jeni, no pude dejar de reflexionar en los ritos de nuestros hijos celebrados algunos años antes. Acudió a mi memoria un flujo de recuerdos asociados con las celebraciones de Christopher y Steven. En su mayor parte, éstos eran buenos, pero todo rito de transición deja una pose agridulce. Me explicaré.

Cuando reconocemos que nuestros hijos están creciendo, también debemos aceptar que *nosotros* nos estamos haciendo mayores. Las transiciones rara vez afectan a un solo miembro de la familia, y puedo asegurar que en cada rito de transición celebrado en el hogar de los Molitor mi corazón fue probado. Mis hijos cambian cada día delante de mis propios ojos. Esta realidad verdaderamente me desgarra.

Como padre, tuve que aceptar que un día tendría que permitir que mis hijos eligieran su propio futuro. Sin embargo, una parte de mí quería que siguieran siendo pequeños para siempre. Me costaba aceptar que los pequeñitos que una vez se subieran a mi regazo pidiéndome que les leyera un cuento por vigésima vez, pronto tendrían otras cosas que hacer.

A veces, aún deseo egoístamente que la vida consistiera de veranos interminables dedicados a nadar o jugar con ellos. Ése es mi deseo; pero nunca fue el plan de Dios. Finalmente, llegué a la conclusión de que si no ayudaba a mis hijos a madurar, me arriesgaría a perderlos cuando cayeran en estilos de vida infantiles, destructivos para ellos y para nuestra relación. Es una realidad dolorosa, pero la obligación del padre es preparar al niño y después soltarlo.

ESTABLECER LOS FUNDAMENTOS

Una de las decisiones más interesantes que Kathy y yo tuvimos que tomar cuando planificamos nuestro primer rito de transición fue cómo llamarlo. *Fiesta* hubiera sido un término demasiado gastado. Llamarlo *ceremonia* hubiera dado la sensación de que los asistentes tendrían que ir vestidos de etiqueta, trajeados en color azafrán y cantar justo al franquear la puerta. Al final escogimos la palabra *celebración* como la más apropiada. Después de todo, esa era la intención del evento: celebrar la transición de un hijo o una hija de la niñez a la edad adulta.

Una vez que nombramos el evento, determinamos sus componentes funcionales. Kathy y yo concluimos que, al igual que en los ritos de transición de los niños, eran necesarios tres ingredientes clave para la celebración de Jeni: impartición de sabiduría de mentores especiales, lecciones para la vida en forma de piezas o representaciones cortas y un tiempo de bendición espiritual.

PREPARACIÓN DEL TIEMPO DE BENDICIÓN

Sin duda, Kathy y yo queríamos que la celebración de Jeni se asentara sobre un sólido fundamento espiritual. En la fase de planificación, nos acordamos de un relato bíblico de bendición y celebración que realmente nos conmovió. Nos dio una buena idea de qué incluir en la parte dedicada a la bendición. El pasaje refiere la bendición de nuestro Padre celestial a su Hijo. Como dijimos anteriormente, no hay diferencia entre varón y hembra por lo que respecta a principios, costumbres y, en especial, bendiciones de Dios. Por cuanto este pasaje nos había inspirado para celebrar los ritos de transición de nuestros hijos, sabíamos que podíamos usarlo como guía para el de Jeni.

UNA HIJA QUERIDA:
DECLARACIÓN DEL AGRADO DE UN PADRE

El pasaje bíblico de bendición que usamos como modelo para la celebración de Jenifer se halla en Mateo 3:16-17. Relata lo que aconteció cuando Jesús fue bautizado en el río Jordán y el Espíritu Santo descendió sobre él. Cuando Jesús salió del agua, su Padre celestial declaró desde el cielo: «Éste es mi Hijo amado; estoy muy complacido con él» (Mateo 17:5).

¡Cuán importante es que el Padre dijera «*Éste* es mi Hijo»! Si Jesús en su humanidad hubiera dudado de su herencia divina por un solo instante, estas breves palabras que confirmaban su filiación habrían ahuyentado esa duda. No obstante, si éste hubiera sido el único propósito del Padre, habría dicho: «*Tú* eres mi Hijo muy amado», dirigiéndose exclusivamente a Jesús. Al decir «Éste es mi Hijo», el Padre celestial anunciaba a toda la creación que el divino Salvador prometido había llegado. Dio a conocer a todos los seres que pueblan el orbe quién era este hombre y lo que el Padre sentía acerca de él.

Irónica, o quizás previsiblemente, justo un poco después de esta bendición maravillosa, el Hijo amado fue asaltado por diversas maquinaciones de Satanás. En Mateo 4:1-11, vemos que el diablo tienta a Jesús a convertir las piedras en pan, a poner a prueba el amor del Padre arrojándose desde una torre y a adorar al engañador a cambio de todos los reinos del mundo. Sin embargo, Jesús rechaza las tres tentaciones, sabiendo que no eran sino cortinas de humo del verdadero objetivo satánico: separar a Jesús de la bendición, propósito e identidad que su Padre le acababa de impartir. Por eso comienza Satanás dos de sus seductores enunciados ante Jesús con las palabras: «*Si* eres el Hijo de Dios…».

Si Satanás hubiera logrado confundir a Jesús acerca de su verdadera identidad o convencerle de que no era el Hijo de Dios, el curso de la historia de la humanidad habría sido dramáticamente alterado. Pero Jesús creyó a su Padre, recibió su identidad, y obedientemente llevó a cabo en la tierra la misión que el cielo le había encomendado.

Después de estudiar este pasaje bíblico llegué al convencimiento de que nuestra celebración debía incluir bendiciones de palabra, confirmaciones de identidad y declaraciones de lo mucho que Kathy y yo nos agradábamos en nuestra hija.

PROGRESOS

Puesto que cada hijo es único, así también debe ser su celebración. Un niño se sentirá más cómodo si sólo asisten unas pocas personas. Otro se sentirá muy a gusto en una sala llena de invitados. Uno niño responderá bien a las representaciones cortas mientras que otro aprenderá más presentando un mensaje más breve y más sencillo. Estos eventos no son del tipo «tamaño único para todos». Deben ser diseñados teniendo en cuenta al individuo. Es bueno explorar todas las opciones y alternativas antes de tomar decisiones acerca de quién debería asistir, qué se debería enseñar y qué formato conviene adoptar. Kathy y yo decidimos las personas y los símbolos que estarían presentes en el día especial de Jeni. He pedido a Kathy que comparta desde su perspectiva lo que supuso el proceso de planificación. Su discernimiento es muy valioso para la madre o mentora que va a coordinar la celebración del rito de transición de su hija.

OBLIGACIONES DE LA MADRE

Kathy escribe...

Lo primero que tuvimos que decidir fue la fecha de la celebración de Jeni. La fijamos para un sábado, 7 de septiembre, conscientes de que seis semanas nos ofrecerían tiempo suficiente para prepararnos para su gran día. Brian había organizado la celebración de los niños en un hotel de la localidad. Eso había dado buen resultado, pero yo decidí celebrar el evento de Jenifer en un hotel distinto que ofreciera algunos extras que una chica como Jeni apreciaría. Concerté una cita para entrevistarme con el coordinador del hotel, y a partir de entonces comenzaron a cobrar forma los planes para la celebración. Pude establecer el tamaño de la sala, la disposición de las mesas y el pódium y los refrescos que íbamos a tomar. De vuelta a casa, muchas preguntas me rondaban en la cabeza. ¿Cómo podría conseguir que ese día resultara súper especial para Jeni? Y lo más importante, ¿qué lecciones para la vida quería Dios impartir a nuestra preciosa hija?

Brian y yo empezamos a considerar en oración quiénes debían asistir al rito de transición de Jeni. Empezamos con su abuela y algunos amigos íntimos de la familia. La clave consistía en invitar a mujeres que fueran espiritual y emocionalmente maduras. Una vez que estuvo la lista completa, escribí la siguiente carta a cada una de ellas:

Queridas amigas:

Hace ya cinco años desde que celebramos el rito de transición de mi hijo mayor Chris. Desde aquella ocasión, hemos honrado a Steven con su propia celebración y constatado el efecto positivo que estos eventos especiales han causado en ambos, así como en muchos otros chicos y chicas —a cuyas celebraciones asistimos personalmente o de las que tuvimos noticia en respuesta al libro de Brian *La transformación del niño en hombre*—. En 1997 ignorábamos todo lo que Dios proyectaba hacer a través de la celebración de Chris para dar a luz un libro, que a su vez fuera catalizador para ayudar a muchos otros hijos e hijas en sus jornadas hacia la madurez, y a celebrar sus propios ritos de transición. Ha llegado el momento para Brian y para mí de honrar en esta ocasión a nuestra preciosa hija Jenifer. Ella tiene ahora trece años. La hemos visto crecer desde que era una dulce niñita hasta convertirse en una encantadora jovencita. Es un verdadero placer dedicar una celebración especial a honrarla y afirmarla como mujercita, y también su función como hija del Rey en un tiempo como éste.

Solicitamos el honor de su presencia
para celebrar el rito de transición
de nuestra querida hija, Jenifer Elizabeth,
que tendrá lugar el sábado, 7 de septiembre de 2002
a las 19:00 h.
en el hotel _____
Midland, Michigan

Esperamos sinceramente que Vd. pueda asistir para que este evento sea más significativo. También necesitamos contar con su ayuda. Le rogamos que ore por Jeni en las próximas semanas para que la unción de Dios repose sobre esta celebración para que su corazón y su mente se conmuevan. También le pedimos que escriba una carta a Jeni para entregársela el día 7, o enviársela antes, en caso de que no pueda asistir. Las palabras tienen un poder tremendo para edificar y ministrar. Tal vez usted tenga una importante lección que impartir, un pasaje de Escritura, una pepita de sabiduría para compartir, o una palabra de estímulo para afianzar su crecimiento y todo lo que Dios ha planeado para su vida. Por último, ¿puede, por favor, traer un pequeño regalo simbólico —algo que ella pueda atesorar, que le recuerde su noche especial— para expresarle nuestro amor y bendecir a esta preciosa jovencita?

Si no puede asistir, pero desea enviar una carta o un pequeño regalo, puede enviarlo a nuestra casa, o por correo electrónico.

Gracias por ayudarnos a bendecir a nuestra hija en este día tan especial de su vida.

Sinceramente y con amor,
Kathy Molitor

Confieso que tuve que armarme de valor el día que deposité las invitaciones en la oficina de correos. ¡Me había comprometido! Muchos sentimientos de inseguridad se arremolinaban en mi pensamiento. Conocía el poder que se había desatado en los ritos de transición de los chicos. Pero esta vez dependía de mí. Brian no dirigiría el evento. ¿Qué ocurriría si no salía tan bien como los suyos? ¿O si muchas mujeres no podían venir, o las dramatizaciones breves no tenían mucho sentido? En realidad, yo necesitaba entender que no se trataba de mí. Mi función principal consistía en buscar a Dios en oración, convocar a otras mujeres que me acompañaran y confiar en Dios: que nos sostuviera con su presencia y derramara su unción sobre el evento, porque Él deseaba bendecir a nuestra hija —o más bien a su hija.

Durante la fase de preparación, pedí a tres amigas íntimas que me ayudaran con la celebración. Su apoyo fue inestimable. No sólo compartieron ideas incisivas, sino que me apoyaron y me dieron mucho ánimo. Dios usó sus dones y talentos únicos para que la ceremonia resultara todo un éxito.

Escogí a mi querida amiga Ann para que hiciera de maestra de ceremonias. Ann conoce a Jeni desde que tenía cuatro años y la quiere como a una hija. Además, tiene el don de la organización, le gustan los detalles y es muy graciosa. Mi tarea consistió en facilitarle la agenda maestra y un bosquejo detallado para organizarse. Estaba segura de que lo haría muy bien. Otra buena amiga mía, Heidi, aceptó ayudarme con las obritas. El omnipresente apetito de Heidi por la Palabra y su don de enseñanza hacían de ella la persona ideal para encargarse de las mini-enseñanzas que precederían y seguirían a las presentaciones u obras teatrales. Serían lecciones para la vida, destinadas a impartir ánimo y sabiduría, en particular, a Jeni, pero también a cada una de las presentes.

Y ahora llegamos a la parte más difícil de la fase de preparación. Yo quería… mejor dicho, necesitaba oír de Dios qué lecciones quería que Jeni aprendiera para la vida. De modo que oramos fervorosamente por guía y sabiduría. Una vez que las ideas quedaron establecidas, nos centramos en las Escrituras, aspectos clave de las enseñanzas y preparación de las presentaciones. Heidi y yo trabajamos juntamente en las enseñanzas. También ella tiene cuatro hijos, por lo que no fue fácil programar ocasiones para pasar tiempo juntas. Recuerdo una tarde cuando se reunió conmigo en un salón de belleza. Estuvimos una hora sentadas con la Biblia en las rodillas, tomando notas y repasando cada enseñanza. No fue el ambiente más espiritual, pero dio resultado.

Como parte del proceso de planificación, pedí a una amiga de la familia, Catherine, que se hallaba de visita procedente de Trinidad, si estaba dispuesta a cantar una canción en la celebración. Ella tiene una voz excelente y un espíritu dulce, y accedió amablemente a hacerlo. Por último, pero no menos importante, pedí a dos amigas de Jeni que ayudaran como recepcionistas a la puerta de la sala de reunión. Ellas se encargarían de repartir el programa que yo había confeccionado, las tarjetas de identificación y recibir los regalos que trajeran las invitadas. Esto me permitió mezclarme con las mujeres que ya habían llegado.

Todo estuvo preparado con la ayuda y el apoyo de mis amigas, el respaldo de Brian y la gracia y la dirección de Dios. Yo sabía que con aquel equipo esforzado, y Dios en el control, la velada de Jeni sería lo que habíamos soñado. Y en efecto, así fue.

CUARTA PARTE

LA HISTORIA
DE UNA HIJA

12

QUE COMIENCE
LA CELEBRACIÓN

🌿 AL RELATARLE LA VELADA ESPECIAL de Jeni, sepa que se trata de un ejemplo, no de una fórmula. Los recursos, presupuesto, creatividad, y «estilo» familiar, influyen en la planificación de la celebración. Puede ser una reunión sencilla o más recargada, depende de Ud. Tómese la libertad de diseñar el evento para su hija, quien no tiene parangón en todo el planeta. He aquí la historia de Jeni.

Sigue Brian...

Una semana antes de su rito de transición, pregunté a Jeni si me permitía acompañarla a un restaurante acogedor para cenar el día de su celebración. Afortunadamente, ella aceptó y yo me dispuse a hacer planes para la última cena que compartiría con mi niñita. Ahora bien, si Ud. cree que me emocioné en aquella ocasión..., pues está en lo cierto.

Cuando por fin se acercaba aquella tarde-noche especial, me lustré los zapatos, limpié el auto y me puse el mejor traje. ¡Quería impresionar a mi acompañante! Kathy aceptó ayudar a Jeni a prepararse, no tanto para salir a cenar, sino para la celebración que seguiría. Un poco después de las cinco, Jeni bajó las escaleras acompañada de su madre. Ambas entraron en el sala de estar donde yo esperaba pacientemente (bueno, no pacientemente, pero al menos esperaba). Mi hija ofrecía un aspecto magnífico. La niña que unas horas antes vestía vaqueros y camiseta de manga corta, se había transformado totalmente bajo la supervisión de Kathy. A pesar de que sólo tuviera casi catorce años, Jenifer podría haber pasado fácilmente por una joven al menos cinco años mayor. Su pelo rubio color miel estaba hermosamente recogido hacia atrás y destacaba contra el vestido negro que mamá le había ayudado a elegir para la ocasión. Con un sentido ceremonial profundo, ofrecí a mi hija un ramillete de orquídeas y se lo puse en la muñeca. Después nos hicimos algunas fotos y acto seguido nos dirigimos al restaurante, que estaba ubicado en el mismo centro de conferencias en el que se iba a celebrar el rito de transición de Jeni.

Al llegar allí comprobamos que el ambiente era perfecto para una cita entre un padre y su hija. Manteles recién almidonados, servilletas bien dobladas y toda una gama de cubertería adornaban nuestra mesa situada en un rincón del comedor. Jeni y yo encargamos los platos que escogimos y empezamos a hablar del tiempo de transición que estaba teniendo lugar. Como de costumbre, me asombré de la madurez de mi hija. Sus palabras siempre habían tenido peso, y sus pensamientos denotaban profundidad de lo alto.

Un par de veces me sorprendió cuando se me saltaban las lágrimas durante la cena. Yo sabía que esta joven impresionante estaba lista para hacer la transición y yo estaba agradecido de que Dios me hubiera elegido para ser su padre. Ella sonreía y amablemente me permitía ser un papá tierno y bondadoso. Aquel anochecer comimos despacio, no queríamos que terminara la cena.

Justo antes del postre, le dije a Jenifer que tenía una sorpresa para ella. Sus ojos se iluminaron cuando extraje una pequeña cajita de terciopelo del bolsillo de la chaqueta y la puse delante de ella. La conversación fue más o menos así...

—Papá, ¿qué hay en la cajita?

—Bueno, algo especial para ti.

—¿Puedo abrirlo?

—Todavía no. Déjame explicarte... ¿has oído hablar alguna vez de los anillos de promesa? —le pregunté.

—Negó con la cabeza.

—Bueno, éste es similar, pero hay una gran diferencia. Un anillo de promesa suele ser un regalo que una persona joven decide llevar como símbolo de una promesa hecha a Dios, a sus padres o a ella misma, de que permanecerá sexualmente pura hasta el día de su boda —le expliqué entregándole la cajita—. Vamos, cariño, ábrela y te diré más...».

Jeni levantó suavemente la tapa de la cajita y descubrió un hermoso anillo que Kathy y yo habíamos escogido. La clara piedra azul resplandeció a la luz de la vela y reflejó la sonrisa que esbozaba la cara de Jenifer. Yo continué con mi explicación.

—He aquí la diferencia. Este anillo va también acompañado de una promesa. Excepto que en este caso, soy *yo* el que hace la promesa. Desde el instante en que fuiste concebida, Dios planeó que yo fuera el hombre de tu vida, al menos por las dos primeras décadas. Como tal, he sido y seguiré siendo tu protector, tu proveedor, tu consejero, tu cobertura y muchas más cosas. No vive hombre sobre la faz de la tierra que te quiera tanto y tan sinceramente como yo. Cariño, daría mi vida por ti.

Cada vez me costaba más explicarme y tuve que contenerme, aunque me las arreglé para seguir adelante hasta acabar de exponer mis pensamientos.

—Jeni, quiero que sepas que si necesitas algo, haré todo lo que esté a mi alcance por proporcionártelo. Te puedes quedar con mamá y conmigo todo el tiempo que quieras, y a medida que vayas descubriendo el plan de Dios para tu futuro, te ayudaré a cumplirlo. De modo que, por el tiempo que sea necesario, te ruego que lleves este anillo como símbolo de mi promesa de ser el hombre de tu vida. Soy tu padre. Y amarte de esta manera es para mí un honor, un privilegio, un gozo y un deber.

Fue difícil seguir hablando llegados a este punto, pero continué de todos modos.

—Cariño, cuando llegue el día en que Dios traiga a otro hombre a tu vida, que será tu marido, yo me haré de buena gana a un lado y le permitiré que te acompañe hacia tu destino. Y... en el día de tu boda, cuando él sea tu marido, puedes escoger guardarte este anillo... o devolvérselo a tu viejo papá.

Ese momento quedó petrificado en mi memoria. Recuerdo la bonita sonrisa de Jenifer y mi anillo de promesa brillar en su dedo. Sobre todo, recuerdo un profundo sentimiento en mi corazón de un amor increíble por mi hija. La clase de amor que refleja el amor de nuestro Padre celestial por sus hijos. Puro. Desinteresado. Enfocado hacia afuera, sin interés de recibir nada a cambio. Es distinto al amor de un hombre por su esposa, al amor de un padre por sus hijos. Es increíblemente singular el amor de un padre por su hija. Un sentimiento maravilloso para un padre.

Después de permanecer en silencio por un buen rato escuchando la enternecida charla de su papá, la respuesta de Jenifer fue perfecta.

—Gracias papá, siempre lo guardaré.

Poco después, demasiado pronto, llegó el momento de dar a Jeni mi brazo y acompañarla a la sala de reuniones, donde su madre y su destino la esperaban pacientemente.

LLEGA LA HUÉSPED DE HONOR

Sigue Kathy…

Llegó por fin el 7 de septiembre y con él gran expectación y emoción. Tuve que hacer varias llamadas telefónicas a mis «colaboradoras» para confirmar nuestros planes. Siempre tengo listas de llamadas que hacer a diario, pero como este día era especial se alargó más de lo normal. Tuve que recoger la tarta y dejarla en el hotel. Hecho. Llevar conmigo los accesorios para las obras teatrales. Hecho. No debía olvidar el regalo ya envuelto de Jeni. Hecho. Ir a comprar el ramillete de flores. Hecho. Ya sólo faltaba vestirme para la ocasión.

Tan pronto como Jeni salió de casa con Brian, salté a mi coche y aceleré hacia el hotel para proseguir con los preparativos. Había mucho que hacer antes que llegaran las invitadas, pero en la sala de reunión me estaban esperando mis queridas amigas Ann, Heidi y Shaenon. Pusimos cada cosa en su sitio, repasamos la agenda y nos tomamos de la mano para orar por última vez antes que se presentaran las demás damas.

Las abuelas de Jeni fueron las primeras en hacer su aparición. Luego, una por una, las otras féminas fueron franqueando la puerta y sumándose a la velada. Fue causa de gran regocijo comprobar que aquellas mujeres se habían tomado tiempo para venir a bendecir a nuestra hija. Me alegré mucho de que estuvieran allí: veintitrés en total.

El hotel nos sirvió café y refrescos, y poco después la sala rebosó de risas, sonrisas y conversaciones cordiales mientras esperábamos la llegada de Jeni. El ambiente rezumó música de alabanza, gentil recordatorio del motivo que nos había allí congregado.

Una de las chicas se mantuvo vigilante en el pasillo que daba acceso desde el restaurante para anticiparnos la llegada de Jeni. Me susurró entusiasmada que mi hija ya venía. Micrófono en mano, Ann anunció la entrada de Jeni acompañada de su padre. No sé quién sonreía más, si ella o su orgulloso padre, cuando éste la presentó a las mujeres que se habían congregado. Aún puedo oír los vítores y los aplausos cuando la invitada de honor irrumpió en la sala. Por la expresión que reflejaba su rostro, adiviné que Jenifer rebosaba admiración y gozo.

Las mujeres saludaban a Jeni mientras ella se acercaba al collage que yo había preparado con fotos desde su más tierna infancia. Después de un tiempo de comunión y de refrigerio, Ann nos pidió a todas que nos sentáramos para dar inicio a la ceremonia. Pedimos a las damas que se dieran a conocer y contarán a las presentes su relación con Jeni o con nuestra familia. Como muchas de las mujeres no se conocían unas a otras, fue interesante compartir el móvil que las había reunido para un evento tan importante. Después de las presentaciones, Ann hizo una oración para iniciar la celebración y pidió a Heidi y Shaenon que salieran al frente. Era el momento de representar las dramatizaciones y de experimentar sus poderosos mensajes.

13

LECCIONES PARA
LA VIDA

🌿 HEIDI HIZO LA PRIMERA PRESENTACIÓN leyendo el pasaje clave de Romanos 12:6: «Tenemos dones diferentes, según la gracia que se nos ha dado».

Luego leyó una porción de 1 Corintios 12:14-25, que dice que el cuerpo está formado de muchas partes. Dicho texto afirma que ninguna parte es más importante que otra, pues todas ellas son necesarias.

Heidi siguió leyendo: «En realidad, Dios colocó cada miembro del cuerpo como mejor le pareció. Si todos ellos fueran un solo miembro, ¿qué sería del cuerpo?».

DRAMATIZACIÓN #1: OJALÁ YO FUERA...

Con estos versículos en mente, Heidi pidió a Shaenon que presentara la dramatización titulada «Ojalá yo fuera...».

Las luces se atenuaron y se colocaron un gran biombo y una mesa al frente de la sala. Sobre el biombo se habían colgado tres vestidos muy diferenciados. Sobre la mesa se habían dispuesto adornos junto a cada vestido. Shaenon se escondió detrás del biombo. Con esto consiguió dar la sensación de que los vestidos hablaban, y usando distinto acento y estilo de habla, cada vestido representó un personaje por sí mismo.

Una luz brillante se enfocó sobre un hermoso vestido de noche llamado acertadamente «Lady glamour». Delante de «ella» había un par de sandalias de tacón alto, un bolso de noche, un collar de diamantes de imitación y pendientes. Hablando en un tono calmado, voluptuoso, Lady glamour comparó su «vida» con la de los otros dos personajes, simbolizados por dos conjuntos. Se imaginó cuánto mejor le iría en la vida si ella fuera «Miss atleta», ya que lo pasaría muy bien ante unos fans que la vitoreaban y aplaudían por dondequiera que iba. Después, se comparó con la «Sra. profesional», imaginándose la fortuna de ser tomada en serio, que la gente se interesara en lo que una dijera. Ojalá pudiera ser como ellas...

Entonces, tomó la palabra la Sra. profesional, cuando el foco reveló un traje de dos piezas que ofrecía un aspecto de ejecutiva, colgado delante de un maletín y zapatos de tacón.

Su voz, en tono muy severo y correcto, comentó lo que Lady glamour había manifestado. La Sra. profesional se quejó de no hacer otra cosa más que trabajar y se sentía molesta porque nadie se fijaba en ella, excepto por su inteligencia. Envidiaba a Lady glamour porque podía acudir a cenas elegantes y bailar toda la noche y a Miss atleta porque obtenía trofeos y medallas por sus registros, mientras que lo único que ella conseguía era más papeleo. Ojalá que ella pudiera ser como Lady glamour o Miss atleta.

Después, Miss atleta se puso a hablar, jadeante y cansada de hacer duros entrenamientos.

El foco brilló sobre un uniforme de baloncesto, una botella de agua y calzado deportivo. Con una voz ágil, juvenil y optimista, se imaginó lo maravilloso que hubiera sido hacer la carrera de la Sra. oprofesional, o ser tratada como una princesa, como Lady glamour.

En ese momento se encendieron todas las luces, Heidi salió de su escondite y comentó lo que acababa de tener lugar ante nuestros ojos. La sala guardó silencio y ella nos hizo meditar en la Palabra de Dios:

Tú creaste mis entrañas; me formaste en el vientre de mi madre. ¡Te alabo porque soy una creación admirable! ¡Tus obras son maravillosas, y esto lo sé muy bien! (Salmo 139:13-14).

Heidi explicó que todas las personas tienen dones y talentos singulares que nos han sido concedidos por Dios. Enseñó que ningún don es más importante que otro —por mucho que difieran—. También dijo que no debemos tener envidia de los dones o talentos ajenos sino contentarnos con los que Dios nos ha dado, porque Él «nos formó admirablemente» a cada individuo.

Una vez más las luces se amortiguaron y el foco recayó sobre la Sra. profesional, después de tomarse tiempo para reflexionar en quién era ella y cuál era su rol en esta vida. Su perspectiva había cambiado y ahora era consciente de las grandes oportunidades que tenía de cambiar el mundo a través de su profesión. En resumidas cuentas, había llegado a la conclusión de que era feliz con lo que Dios había hecho de ella.

Nuestra atención se dirigió luego a Miss atleta, quien se puso a hablar de sí misma. Recordó cuán emocionante era formar parte del equipo de baloncesto. Se refirió a los vítores del gentío y comentó que se aburriría si careciera de ellos. Fue consciente de lo divertida que era su vida y de cuánto le gustaba jugar al baloncesto.

Por fin, le tocó el turno a Lady glamour. Todos los ojos se fijaron en el deslumbrante vestido largo azul celeste. Ella se puso a describir lo fantástico que resultaba bailar el tango o el vals en la pista y la emoción que sentía cuando su collar brillaba a la luz adecuada. Dijo que estaba muy agradecida a Dios por haberle concedido aquella clase de vida.

Entonces, Heidi hizo un resumen de la dramatización. El mensaje era claro. Cada mujer había comparado su vida con la de las otras dos y deseado ser una persona distinta. Las mujeres habían sentido al principio envidia de las otras no aceptando lo que cada una de ellas era y tenía. Al final, todas se sintieron satisfechas con su propia identidad y con el destino que Dios había planeado para ellas.

DRAMATIZACIÓN #2: ESPEJITO, ESPEJITO

Heidi presentó la segunda pieza planteando una pregunta retórica al grupo: «¿Cuántas de ustedes querrían ser diferentes?». Nos advirtió del plan del enemigo para destruir nuestra autoestima y cómo a menudo usa a otras personas para decirnos cosas perniciosas. También habló de las pautas de Hollywood con las que se nos bombardea cada día: el tipo de la muñeca Barbie, los rostros sin tacha y las fotos de revistas retocadas hasta la perfección. Estas imágenes alimentan expectativas poco realistas de lo que es la belleza: más delgadas, más altas, mejor talle, figura, y así sucesivamente.

Mientras reflexionábamos en estas cosas, Heidi pidió a Shaenon que saliera al frente. Shaenon es una mujer joven, bonita, con ojos marrones, pelo largo y una figura atractiva. Sólo tuvo que hacer una cosa para preparar esta obra: pintarse grandes pecas en mejillas y nariz con un rotulador/marcador.

Shaenon se puso delante de un gran espejo para arreglarse para ir a una fiesta. Al verse en el espejo, reflexionó y se puso a criticar lo que veía. No le gustaba su complexión, ni tampoco su pelo ni su figura. Además, tenía pecas en la cara, y no le gustaba la forma de su nariz. Poniéndose de perfil, se quejó de lo gorda que estaba. Claramente angustiada, desanimada y frustrada, se sentó en una silla azul que habían colocado junto al espejo. Puede que ni siquiera acudiera a la fiesta.

Repentinamente, una profunda voz masculina resonó en el fondo de la sala, cuando yo apreté el botón de la grabadora. Era Dios (en realidad era la voz grabada de Brian...) llamando a Shaenon por su nombre y diciéndole que quería hablar con ella. Al principio, ella se extrañó que Dios quisiese realmente hablar con ella. Sus dudas eran obvias. Pero aquella voz siguió hablando en un tono afectuoso y preocupado, como me imagino que hablaría la voz de Dios Padre a su preciosa hija. Esto fue lo que dijo:

> Por supuesto que soy yo. Tú sabes que siempre estoy contigo. Esta noche noté que pasabas mucho tiempo delante del espejo. Tu semblante y la pesadumbre que aprecio en tu corazón me indican que tenemos que conversar un poco. Hablar un poco sobre la belleza.
>
> Mi preciosa hija, hay belleza externa y belleza interna. La belleza externa es variable. Cambia con el tiempo, con lo que la sociedad opina de ella. Hollywood, la televisión y las revistas intentan crear una belleza diferente con arreglo a la temporada. A veces cambia el color del pelo y a veces la moda y el maquillaje. Sé que mis preciosas hijas son constantemente bombardeadas con imágenes de lo que debe ser la belleza externa. Esto ha sido así a lo largo de los siglos. Ha habido sociedades que pensaron que cuanto más grande fuera una mujer más hermosa y atractiva era. Otras sociedades pensaron que las mujeres más pequeñas eran más atractivas, y las que tuvieran cinturas más delgadas eran más hermosas. Lo que me asombra es que esto siga siendo igual, que las sociedades intenten de muchas maneras crear una belleza externa, cuando lo único que necesitan es dejarme crear una belleza interna —para que sean verdaderamente bellas.

Hija mía, tu belleza interna tiene que hacerse patente porque yo te he creado a mí imagen —yo soy amor y he puesto amor en ti—. Veo un amor tan dentro de ti que se manifiesta cuando estás ante niños y animales. Hija, tú eres una persona muy amorosa. Esto forma parte de la belleza interna que yo he puesto en ti. Eres amable y gentil, y esto también forma parte de tu belleza interna. He puesto en ti el fruto de mi Espíritu, lo cual también te ayuda a ser hermosa. Eres paciente y gentil. Tienes autocontrol, pero, hija, siento que esta noche has perdido dos de esos frutos. Se han caído de tu cesta. El gozo y la paz huyen de ti cuando te centras demasiado en la belleza externa —el reflejo que ves en el espejo—. Esta noche quiero que me permitas poner en ti una gran medida de gozo y de paz si confías en la verdad: que tu Padre te ha hecho única y especial. Como Creador del universo, podría haber hecho todo exactamente igual, pero no hay belleza en eso. Yo me deleito en apreciar diferencias entre mis hijos. He hecho que tú reflejes distintos aspectos de tu Creador. A esto lo llamo yo hermosura.

Así pues, esta noche te invito a que te levantes y te vuelvas a fijar en lo que ves. Considera que las cosas que te parecen defectos son detalles especiales de tu vida. Y a propósito, esas pecas, de las que te quieres librar, yo las pinté a mano para poder tocar tu cara. Tú eres mi hija preciosa y, sin duda, la belleza que hay en ti es mucho mayor que cualquier cosa que se pueda ver por fuera. La belleza externa puede marchitarse y cambia con el paso del tiempo. Pero la belleza que yo he puesto en ti nunca cambiará. Es más, aumenta con el paso de los años y a medida que me conoces mejor.

Así pues, hija, levántate. Mírate una vez más en el espejo y dime lo que ves. Fíjate en la belleza interna que he puesto en ti. Esta noche, cuando salgamos y vayamos juntos, me honrará llevarte del brazo, hija, y entrar en cualquier lugar donde tu belleza brille desde dentro. Porque tú eres la niña de mis ojos y en ti me deleito grandemente.

La sala guardaba absoluto silencio. Yo creo que todas las mujeres que había allí, en uno u otro momento habían sido como el personaje que Shaenon acababa de representar —se habían mostrado descontentas con su propia apariencia: a veces feas, o gruesas, o tal vez demasiado delgadas—. Lo que el Padre celestial había dicho a su hija era lo que toda mujer necesita oír para deshacer las interminables mentiras destinadas a destruir la autoestima de las hijas de Dios. Aunque yo sé que aquello se hacía para Jeni, también sentí en mi espíritu que Dios nos estaba ministrando a cada una de nosotras de una manera muy personal.

Cuando el mensaje grabado concluyó, Shaenon se levantó del asiento y se volvió a mirar en el espejo. Esta vez, el gesto de disgusto fue reemplazado con una sonrisa gentil. Se estiró su suéter, se peinó otra vez y se dispuso a ir a la fiesta —esta vez con el Señor a su lado, animándola por el camino.

Con esto, Heidi se levantó de su asiento y salió al frente de la sala para leer los siguientes versículos de la Escritura:

«Cuídame como a la niña de tus ojos» (Salmo 17:8).

«Que su belleza no sea la externa, que consiste en adornos tales como peinados ostentosos, joyas de oro y vestidos lujosos. Que su belleza sea más bien la incorruptible, la que procede de lo íntimo del corazón y consiste en un espíritu suave y apacible. Ésta sí que tiene mucho valor delante de Dios» (1 Pedro 3:3-4).

Su enseñanza confirmó lo que la voz de Dios en boca de Brian había declarado: la belleza interna es la cualidad más importante que puede tener una mujer. Heidi proclamó que todas habíamos sido creadas a imagen de Dios y que todas éramos hermosas a sus ojos. Nos enseñó cuán valiosas somos para Dios y que Él se deleita en nosotras.

Después, Ann volvió a subirse al pódium y pidió a Catherine y Lydia que cantaran una canción para nosotras. Catherine ha tenido que capear muchas dificultades en la vida y perdido tres de sus hijos debido a una rara anomalía genética, todos en el primer año de vida. Tal dolor habría podido ser causa de que muchas otras perdieran la fe o se amargaran, pero no Catherine. Ella es una roca sólida llena del gozo del Señor.

Cuando Catherine salió al frente, recordé que cuatro años antes ella estaba a la cabecera de su hija Ruthann momentos antes de su fallecimiento. Familiares y amigos se juntaron en torno a esta niñita, orando y esperando el milagro que nunca se produjo. Las lágrimas nos bañaron las mejillas cuando Ruthann dio su último suspiro y entró en la presencia de Dios. Nunca olvidaré lo que sucedió después. Aunque con ojos humedecidos y corazones compungidos, Catherine, su marido Dierk y su hermano Bobby se pusieron a cantar y adorar a nuestro Padre celestial. Sin ira, sin amargura. Con sólo fe. Sí, Catherine es una roca sólida en la fe y una inspiración para muchos. Me alegré mucho de que ella participara en la celebración de Jeni.

Se dispuso la cinta cuando Catherine y Lydia anunciaron que iban a cantar «Mi Redentor vive». Muchas cerramos los ojos y dejamos que las palabras nos impregnaran de la dulce presencia del Señor que inundaba la sala. Su amor por Jesús se traslucía en lo que cantaban. Todas quedamos profundamente conmovidas. Cuando acabaron, no se oía ni una mosca en la sala. Ann anunció que ahora tocaba leer las cartas y entregar los regalos a Jeni.

14

COMPARTIR PALABRAS
DE SABIDURÍA

❧ —MUCHAS DE LAS QUE ESTAMOS aquí esta noche te hemos traído cartas y regalos, Jeni —dijo Ann—. Otras no han podido asistir, pero enviaron los suyos con antelación. Leeré esas cartas primero.»

Entonces Jeni acercó su silla al pódium. Yo esperaba con gran emoción lo que cada mujer iba a compartir con mi hija. Muchas de las que estábamos allí éramos mujeres de Dios curtidas, y me acordé del pasaje de Escritura de Tito 2:3-5, que exhorta a las mujeres mayores a enseñar a las más jóvenes. Yo sabía que además de disfrutar de aquellas cartas esa noche, también serían una fuente valiosa de estímulo y dirección para Jeni en los años venideros.

Ann empezó a leer la carta de la abuela Molitor. Mamá Molitor nos acompañaba, aunque recientemente había perdido bastante visión debido a una degeneración macular. Escrita por mi suegro, la carta decía lo siguiente:

Querida nieta:

Los supersticiosos consideran que el hallazgo de una herradura es una señal de buena suerte. Tu tía Virginia me regaló este broche hace más de cuarenta años. Pero tú no necesitas este símbolo, ya que tu «buena suerte» comenzó el día que naciste para ser hija de Brian y Kathy.

Ellos se alegraron muchísimo de que se añadiera una niña a sus dos niños. A tu mamá siempre le ha encantado guiarte en cada aspecto de tu madurez y tu papá es tu mayor admirador; siempre que tu papá y yo estamos contigo, él nunca deja de decir «¿no es encantadora?».

Yo no tuve tanta fortuna, ya que me crie sin padre, sin hermanos ni hermanas. Y realmente, la mayor parte del tiempo, sin madre, ya que ella tenía que enseñar en varias localidades, mientras yo me quedaba con mi abuela en West Branch. Esto me hace ser especialmente consciente de la relación amorosa y cariñosa que resulta obvia entre todos los miembros de tu familia. Si necesitas buscar un papel modélico o una heroína, no hace falta que busques más: ahí tienes a tu madre tan especial.

Tu abuelo y yo observamos con gran placer cómo estás madurando, tu dulce disposición y tu capacidad para practicar deporte. Añádase a todos estos ingredientes el firme ambiente cristiano que te rodea y estará asegurada tu senda hacia un futuro exitoso —una «evidencia», como podría decir tu generación.

Te quiere,
Abuela Molitor.

Cuando Jeni se acercó a su abuela para recibir un abrazo y el broche de herradura, di gracias a Dios por concederme una suegra tan maravillosa. Y es que los típicos chistes que se suelen contar de las suegras jamás me han concernido, ya que siempre he apreciado a la mamá de Brian y considerado que nuestra relación es una gran bendición. También estoy agradecida por el modelo que ha sido para Jeni y para mí. Aunque la pérdida de visión en un ojo podría provocar enfado, depresión o amargura en muchas personas, ella ha reaccionado con una gracia increíble. Nunca la hemos oído emitir ni una queja, y sigue siendo motivo de gozo para todos los que la tratan. La abuela Molitor es una auténtica inspiración para su familia.

Después, Ann abrió otra carta, en esta ocasión de mi mamá. Aunque su vista no le falla, mamá camina con dificultad y utiliza un andador. Justo unos días antes de la celebración recibió la noticia de que el cáncer de mi papá se había reproducido, por lo que se le notaba un corazón angustiado. Por este motivo, pedimos a Ann que leyera la carta de mi mamá. Esto es lo que había escrito:

Querida Jeni,
Hace trece años, tu mamá, con la ayuda del Señor, dio a luz una hermosa niña que se llama Jenifer. Como abuela tuya, yo me alegré mucho

y me sentí muy orgullosa de que el Señor me hubiera bendecido con una nieta.

Te he visto crecer en estos años con la ayuda de tu mamá y tu papá. Ellos han hecho una gran labor.

Jeni, te encuentras en el umbral de tu vida adulta, cuando has de apartarte de cosas infantiles y convertirte en una hermosa joven.

Que el Señor te guíe en los años venideros para que veas cumplidos tus sueños.

Con mucho cariño,
Abuela Hayes

A mi mamá se le saltaron las lágrimas mirando a Jeni mientras Ann leía la carta. Mi mamá no pudo tener más hijos después de mi nacimiento, de manera que, para ella, el sol nace y se pone con nuestros cuatro hijos. Cuando Ann acabó de leer, Jeni se acercó a la mesa donde estaban sentadas ambas abuelas y abrazó a la abuela Hayes. Una tras otra, las otras mujeres fueron saliendo al frente para compartir con Jeni sus cartas y regalos que habían preparado.

Mi amiga Carla salió al frente y se sentó delante de Jeni para mirarla a los ojos, cara a cara. Carla y yo hemos experimentado juntas nacimientos, muertes y bodas de seres queridos. Recuerdo incontables veces, a lo largo de los años, en las que lloramos, reímos, y por supuesto, comimos chocolate juntas. Fue buenísimo tenerla en la ceremonia de transición de Jeni. He aquí algunos fragmentos de la carta de Carla:

Querida Jeni:

Cuando pienso en ti, pienso en constancia. Te las has arreglado para conservar una dulzura de espíritu y una gentileza de corazón desde que eras una niña pequeña… Te regalo una concordancia que representa para mí el paso más importante de crecimiento como creyente. Hace años, una concordancia me abrió todo un mundo nuevo. Descubrí lo que significa toparse con verdades nuevas y antiguas. De pronto, el estudio de la Biblia pasó a ser mi mayor deseo, algo que anhelo vehementemente cada día…

Se me saltan las lágrimas mientras escribo esto. En un gran honor sembrar una semilla en tu vida. Aunque parece que nuestras sendas han sido divergentes en los últimos años, en realidad discurren paralelas.

He mantenido el rabillo del ojo sobre ti, desde la distancia, y lo que he visto me es de gran bendición. Mantente pura de corazón, Jeni. Tienes una vida maravillosa, satisfactoria, por delante.

Y ahora, he aquí fragmentos de algunas otras cartas leídas aquella noche:

Mírala, crecidita y hermosa por dentro y por fuera. Es muy importante recordar esto cuando una se va haciendo mayor. En la sociedad actual no es fácil para una mujer tener buena autoestima, no sólo en el aspecto facial, sino también corporal. Vemos en la televisión y en las revistas cuán perfectas y hermosas son las mujeres. Yo tuve que luchar contra esta realidad, no tanto en el instituto como en la universidad. Estaba demasiado centrada en mi apariencia externa, quería ser popular y equipararme a la gente hermosa. Intenté ser una de ellas y lo pasé mal... Por favor, ahora que has ingresado a la secundaria y más tarde cuando ingreses a la universidad, recuerda cuán importante es mantener tu corazón puro.

Lo que me gustaría dejar grabado esta noche en tu memoria es que TÚ eres una creación especial del Dios Todopoderoso, infinitamente valiosa porque nunca ha habido ni habrá otra como tú. Que Dios te revele cuán admirablemente valiosa eres para Él.

La lección que me gustaría ofrecerte se resume en estas palabras: «No te conformes». No te conformes con lo que el mundo te ofrece, sino aférrate a lo mejor que Dios tiene para ti. El Señor tiene un plan maravilloso para tu vida, y si vives fielmente, sin transigencias ni componendas, emergerás como mujer de sabiduría y carácter piadoso.

Sé fiel al nombre que Dios te dio por medio de tus padres. Jenifer significa: «Ola blanca». Significa simbólicamente pura y dúctil. Elizabeth significa consagrada a Dios. La toma de decisiones será para ti más frecuente ahora y las consecuencias de tus decisiones tendrán cada vez más importancia con el paso del tiempo.

Fuiste creada con un propósito y te aguarda un futuro lleno de esperanza. Doy gracias a Dios por ti y por tu disposición a poner tu vida en
las manos de Dios. Te puedo decir por experiencia lo siguiente: Todo
lo que alimentes, eso prosperará. Si alimentas la carne, ésta prosperará,
y si alimentas el espíritu, éste prosperará. Creo que tú alimentarás tu
espíritu y que crecerás cada vez más en el conocimiento de la verdad;
que «evolucionarás» hasta ser una mujer de Dios fructífera que cum-
plirá su propósito.

Aunque seamos de distintos países y culturas, hay cosas que son comunes en todo el mundo.
No temas vivir para Cristo y no pierdas tu integridad. La gente te
respetará, aun cuando no lo manifieste.
Establécete límites. Porque cuando te sientas débil, el Señor te los
recordará y te dará fuerza para vencer. Recuerda, tu cuerpo es templo
del Espíritu Santo, y si alguien te ama de verdad, te respetará y no te
intentará forzar ni hará que te sientas culpable intentando defender
algo contrario a lo que la Biblia enseña.
Ten mucho cuidado con la auto-condena. Es una herramienta que el
enemigo usa para mantenernos atrapados, atados. Jesús te ha hecho
libre, porque aquel a quien el Hijo hace libre es libre de verdad. Él
nunca te fallará.

El mantener los ojos fijos en Dios te garantiza su amor, su protección
y su plan increíble para tu vida. El desviar los ojos de Él te hace dudar
de tu propio valor, compararte con otras y caer en la trampa mundana
de la felicidad superficial. Sólo Él conoce los planes que tiene para ti,
planes de bienestar y no de calamidad, a fin de darte un futuro y una
esperanza. Jeremías 29:11.

Dios quiere mostrarte que Él está en control y dispuesto a guiarte con
su gracia a través de las vicisitudes de la vida. Tienes que darle siempre

la oportunidad de hacer esto por ti. Y cuando las cosas parezcan fuera de control, conversa con el que se tomó tiempo para doblar su propio sudario. Juan 20:6-7.

La transformación en mujer de Dios comienza ahora. Durante estos años de secundaria, tus actos y actitudes serán siempre visibles para otros, así como para Dios. Si vives cada día buscando su dirección y atesorándole en tu corazón, entonces podrás desplegar la vida de la *mujer digna*.

¡Cuán emocionante es saber que entregaste tu corazón y tu vida a Cristo a una edad temprana! Te has criado en un hogar en el que has aprendido, por el ejemplo, a apreciar los atributos y las características de Dios para ser una joven fuerte, y al mismo tiempo, gentil y sensible, responsable y amorosa. Te bendigo y pido a Dios que sigas persiguiendo la excelencia y una intimidad más profunda con el Señor, una intimidad que acarreará muchas oportunidades cada nuevo día. Pido que esas oportunidades acarreen grandes bendiciones y victorias en años sucesivos. En este día especial, te honro, te estimo y te afirmo como joven y como hija del Rey.

Ama a Dios. A veces intentamos complicar el cristianismo, cuando, en realidad, lo único que tenemos que hacer es amar a Dios. Si le amamos, viviremos para Él. Si le amamos, amaremos a los demás. Si le amamos, saldremos victoriosos en cada prueba que afrontemos.

Cuando se hubo leído la última carta, me levanté y me acerqué a Jeni tratando de contener mi emoción. Muchas cosas rebosaban en mi mente y corazón: un intenso amor por ella y una profunda gratitud por cada mujer que había derramado palabras de ánimo sobre nuestra hija.

Ahora me tocaba a mí leer mi carta a Jeni, y entre sollozos, esto fue lo que leí:

A mi querida hija Jeni:

¿Por dónde empezar? Aquí estoy, delante de la computadora, llorando. Te quiero con todo mi corazón. Como ya te he dicho infinidad de veces, sólo comprenderás lo que «papá» y yo te queremos cuando tú misma llegues un día a ser madre.

Te he amado desde el momento en que te vi (e incluso antes, en mi vientre). Has sido un gozo indescriptible. Guardo muchos recuerdos de tiempos pasados contigo en tus primeros años y cuando eras pequeñita. La intimidad que compartimos es para mí preciosa. Recuerdo que, cuando aún eras bebé, me mirabas cuando te daba el pecho, y comenzaste a sonreír cuando nuestros ojos se enlazaron. Luego te gustaba jugar a ser ama de casa. También me encantaban las ocasiones en que simulabas jugando con comida y platos de plástico. Y después estaba la casa Playmobil, con la gente menuda. Me causó tristeza cuando te hiciste mayor y ya no querías jugar con ellos. Finalmente, un día recogí tus juguetes y los guardé en el ático. Entonces supe que estabas creciendo demasiado pronto para mí.

Los años pasaron muy deprisa. Recibiste clases de piano, ballet, kárate, patinaje y natación. Ensayaste obras que se representaron en la iglesia y danzas de adoración. Viajamos juntas en tren a Chicago cuando cumpliste los diez años, y después hicimos otro viaje a Florida a visitar al Sr. y la Sra. Bennett. ¡Qué tiempos tan divertidos disfrutamos juntas! Luego llegó el baloncesto, el voleibol, las pistas y la animación. ¡Qué afortunados hemos sido tu papá y yo viendo todos los dones y talentos con que tu Padre celestial te ha equipado! Tu hermosa voz me asombra, tu capacidad y tu pasión para enseñar a otros es una gran bendición. Pero más que ninguna de estas cosas, lo que más me conmueve, Jen, es cómo muestras amor hacia los que te rodean y el dulce espíritu que siempre has tenido. Eres una de las personas más amables, reflexivas y cariñosas que he conocido. No puedo expresar el agradecimiento que siento al llamarte «hija». Tu profundo interés por los demás, tus modales desinteresados han ministrado a tu familia y a otros, muchas, muchísimas veces. Me has bendecido muchas veces amándome y aceptándome cuando no fui amable contigo. Gracias, cariño, por las palabras de estímulo, por todas las notitas que me dejaste, y por todos los abrazos y palmaditas en el brazo o en la espalda.

Atesoro nuestra amistad más de lo que te puedes imaginar y anticipo una vida de íntima amistad mientras avanzamos, juntas, hacia todo lo que Dios tiene para nosotras. Me entrego de nuevo a ti, en esta noche, para ayudarte a ser esa mujer de Dios, fuerte, que Él te ha llamado a ser en el reino —para un tiempo como éste.

Te quiere mucho, mucho,
Mamá.

15

SE ENTREGAN
LOS REGALOS

DEL MISMO MODO QUE LAS CARTAS fueron muy elocuentes para Jenifer, también lo fueron los regalos que recibió. A esta joven en ciernes le ofrecieron aquella noche símbolos inequívocos de lo que estaba sucediendo dentro de ella. Algunos regalos fueron simbólicos, otros sentimentales y otros muy prácticos.

Después de leer mi carta a Jeni, le ofrecí mi regalo. Una cadena de oro y una cruz colgante. Espero que con el paso del tiempo sea un gentil recordatorio de su noche especial, pero aún más importante, un símbolo de lo mucho que su madre la quiere.

Wanda, una querida amiga de la familia, que conocemos desde hace bastantes años, envió a Jeni un broche con forma de llave que tenía grabado el nombre de Jesús. Su nota decía: «La llavecita indica que el temor del Señor es la clave para la vida y la felicidad».

Hope, la que había comentado en su carta lo del sudario de Jesús, regaló a Jeni un gran trozo de tela doblada en una cesta. Explicó que deseaba que Jeni lo usara como recordatorio del amor de Dios y que si se mantenía cerca de Él, Dios se ocuparía de ella.

Marguerite, hermana de Heidi, regaló a Jeni un bonito cofre de cristal que tenía grabados en la tapa el monograma «J.E.M.» y Proverbios 31:25-26. Marguerite retó a Jeni a recordar que el mejor tesoro en esta vida es una relación con Dios.

Jeni recibió otros muchos regalos, como una concordancia *Strong's*, un reloj con forma de corazón y varios diarios. También un par de libros para meditar, uno titulado *Hijas* y el otro *El libro del gozo*. Otra mujer se había tomado tiempo para hacer un collage con fotos y frases que representaban a una joven que anda por el camino de justicia.

Nuestra ex administradora de oficina, Marge, regaló a Jeni un brazalete de mariposas azules con un collar que hacía juego. En una porción de su carta explicó el significado de su regalo de este modo: Al igual que se desarrolla la mariposa y el Dios de toda la creación transforma la crisálida en una criatura bella, tú también estás entrando ahora en la edad adulta.

Ann entregó a Jeni un bonito collar de oro blanco y amarillo con dos delfines en forma de corazón para recordar a Jeni el viaje a Florida que hicimos años atrás. Ann recordó que Jeni, aun siendo muy pequeña, tenía discernimiento de la verdad, a saber, que Dios creó el delfín, que ella sabía que todos tenemos un Creador y que «por medio de él todas las cosas fueron creadas; sin él nada de lo creado llegó a existir» (Juan 1:3).

Mi fiel amiga Karen regaló a Jenifer una placa con la inscripción: «Lo único que usa Dios para hacer una mujer es una niña». Ella explicó que Jeni había nacido con todo lo que necesitaba para convertirse en mujer y que su crianza lo había preservado. Recordó a Jeni que por haber aceptado al Señor a temprana edad, la transición a mujer era mucho más fácil.

Mi mamá sorprendió a Jeni con un regalo singular: el primer par de zapatitos blancos que yo usé cuando era bebé. Animó a Jeni a andar rectamente todos los días de su vida.

Los regalos, esmeradamente escogidos y entregados con exquisita sensibilidad, fortalecieron y aseguraron a Jeni que había sido aceptada por todas las mujeres. Una vez que todas las cartas fueron leídas y los regalos entregados, nos aproximamos al fin de esta parte de la celebración. No obstante, había una última carta que leer —y quizás, la más importante de todas—. Brian entró en la sala, después de esperar pacientemente tres horas en el vestíbulo del hotel. Le dejaré que les cuente lo que sucedió a continuación...

16

LA BENDICIÓN
DE UN PADRE

🌿 *Sigue Brian…*

MIENTRAS LA CELEBRACIÓN DE JENI seguía su curso, yo permanecí sentado en el vestíbulo del hotel esperando que sonara mi teléfono. Esa sería la señal de que había llegado el momento de sumarme a Kathy y a las demás mujeres para pedir una bendición sobre Jenifer. Estamos convencidos de que tanto una hija como un hijo necesitan la afirmación de un padre o figura paternal para asegurar su identidad. Por este motivo, yo debía estar presente en la sección de oración por la identidad de mi hija, ahora mujer.

Estando allí sentado, me pregunté qué estaría experimentando mi hija. ¿Le habría ya leído Kathy mi carta? Como yo no iba a estar en la sala cuando se leyeran las cartas, le había pedido a mi esposa que la leyera en mi lugar. Yo esperaba que el sentido que había deseado transmitir fuera patente cuando Kathy leyera la carta. Mera inseguridad paternal. Mientras esperaba, ponderé lo significativos que habían sido los ritos de transición de los chicos y pedí en oración que Dios tocara a Jeni de una manera similar. Pero no tenía por qué preocuparme.

Cuando, después de tres horas, sonó por fin el teléfono, di un salto, agarré torpemente el aparato y se me cayó sobre el suelo duro del vestíbulo. Nervios de un padre. El caso es que el teléfono aguantó hasta que oí la voz de Kathy invitándome a entrar en la sala a orar por Jeni. Colgué, y… [adivine Ud.]

Avancé tranquilamente por el vestíbulo hacia la sala de la celebración. Me apresuré y casi derribé a un sorprendido huésped del hotel que se dirigía hacia su habitación.

Si escogió la opción A, Ud. no tiene todavía una hija. Si eligió la B acertó.

Al llegar a la puerta, llamé y mi mujer me hizo pasar. Pude sentir la presencia del Señor. Sentada en una silla en el centro de la sala estaba mi hermosa hija, esperando que hiciéramos una oración de bendición por ella. Me acerqué tratando de discernir por qué cosa orar. Muchos pensamientos acudieron en tropel a mi mente. Al llegar al lado de Jeni oí la voz de Kathy. Por un segundo creí haber oído que *se había olvidado de leer mi carta*. Entonces le oí repetirlo, y supe que me había metido en un lío. Kathy dijo que, ya que estaba allí, «se la podía leer yo mismo». ¡Vaya hombre…!

Intentando recuperar la compostura, tomé la carta, me senté enfrente de Jenifer y me puse a leer lentamente la carta. Le compartiré algunos fragmentos de la misma.

Querida Jeni:

¿O debería decir «melocotones» o «corderito»? Preciosa hija, es para mí un gran gozo escribirte esta carta para expresarte sólo un poquito de lo mucho que te amo.

Resulta difícil creer que ya eres una jovencita. Recuerdo el día en que naciste. De hecho, puedo recordar el instante mismo en el que viniste a este mundo y el gozo que sentí cuando supe que Dios me había concedido una hija. Ese día noté cuán bonita y gentil eras. Aún conservas esas excelentes cualidades.

Ha sido muy divertido verte crecer en los últimos trece años. Sigues siendo bonita y gentil, pero al mismo tiempo has adquirido un tremendo sentido del humor, un discernimiento que sobrepasa con creces a tu edad y un profundo interés por los demás. Puedo decir honestamente que nunca me has decepcionado en manera alguna, y me maravillo de las increíbles cualidades que Dios ha invertido en ti. ¡Eres verdaderamente la niña de mis ojos!

Yo soy el más grande admirador que tienes en la tierra, tu abogado, protector y animador. Mientras yo respire esto nunca cambiará. Espero verte crecer, madurar, jugar y finalmente criar tu propia familia. Me entusiasma saber que tienes también otro admirador, abogado, protector y animador. Él no conoce limitaciones y te cuidará por toda la eternidad. Él es tu Padre celestial, cuyos caminos todos son perfectos. Cariño, mantente cerca de Dios en todo lo que hagas y verás cómo despliega su maravilloso plan en tu vida.

Jeni, tú eres la alegría de mi vida y me deleito justamente en cómo eres. No te cambiaría por nadie en el mundo, y estoy muy orgulloso de que seas mi hija.

Bendiciones y más amor del que te puedas imaginar.

Tu padre,

Brian D. Molitor

Después de acabar la lectura llegó el momento de bendecir a la jovencita. Kathy y yo impusimos nuestras manos sobre su cabeza. Las primeras palabras de mi boca siguieron el mismo patrón que las que declaré a sus hermanos en su respectiva bendición.

«Jeni, tú eres mi hija muy amada y en ti me complazco».

Después de esto, Kathy y las otras mujeres oraron por Jeni, y declararon palabras de vida a su espíritu. Todos juntos, afirmamos su feminidad, su identidad, su destino y sus muchos dones, talentos y capacidades. Fue realmente un tiempo de impartición de poder. Después de unos minutos, yo retrocedí y observé a las mujeres mayores bendecir a la más joven, como era la intención de Dios desde el principio.

Cuando acabaron las oraciones y las bendiciones, una joven se levantó del asiento que había estado ocupado por una niña escasos minutos antes. Alta, exultante de confianza, Jeni se dirigió al grupo y le dio las gracias con una sonrisa. Las lágrimas y los abrazos se sucedieron por un buen rato.

Finalmente, después de haber disfrutado de la presencia del Señor, sentimos que se había cumplido todo lo que Él quería que se hiciese. Se había hecho tarde, pero a nadie pareció importarle. Cuando uno está en compañía del Rey, el tiempo parece detenerse, y eso fue lo que ocurrió aquella noche. Fuimos tocados por su presencia, pero además, Jeni había estado allí presente.

Kathy y yo tomamos unos instantes para dar las gracias a todas las mujeres que habían asistido, pero las palabras no acertaron expresar nuestra profunda gratitud. Fue mucho más de lo que nos podíamos imaginar.

Llegó el momento de recoger los regalos, las cartas y los recuerdos de Jeni, y de abandonar el hotel para adentrarnos en la oscuridad exterior. Aquella noche tuve el honor de acompañar a dos damas a casa. Jamás había sentido tanto halago.

QUINTA PARTE

CONCEPCIÓN DE UN
PLAN PARA SU HIJA

17

FUNDAMENTO PARA LA CELEBRACIÓN DE SU HIJA

🌿 CON EL PASO DE LOS AÑOS, Kathy y yo hemos tenido el honor de auspiciar, asistir y ayudar a diseñar muchos ritos de transición. Basándonos en nuestra experiencia, hemos compilado las siguientes respuestas a las preguntas más comunes acerca de las celebraciones. Se las ofrecemos para ayudarle a planear un evento para su propia hija.

¿ES OPCIONAL EL RITO DE TRANSICIÓN?

Creemos que una celebración, debidamente planificada, es parte esencial de la vida de una joven. Por decirlo de la manera más llana posible: el rito de transición no es opcional, es necesario. No hay alternativa al espaldarazo de la transición de una chica a la edad adulta si realmente se desea su éxito. Una gran fiesta de cumpleaños no lo conseguirá. Ni tampoco un viaje a Disneylandia. Es absolutamente imprescindible celebrar un evento transicional.

¿CÓMO HE DE PREPARAR A MI HIJA?

Como parte de las conversaciones con su hija, y su tutoría permanente, es bueno explicarle el alcance y el propósito de su rito de transición cuando todavía es una muchachita. No obstante, muchos padres se hallarán en la misma situación que nosotros nos vimos con nuestro hijo mayor. No dispondrán de años para preparar la transición de su hija y tendrán que empezar en cualquier fase del proceso en la que se encuentren.

Para los padres que tienen tiempo, lo mejor es conversar detenidamente con su hija antes del celebrar el evento. Las conversaciones deberán centrarse en el rito mismo de transición y en lo que significa para el futuro de la joven. Claramente, estas conversaciones concretarán aspectos vitales del evento. Aunque puedan tener lugar meses antes de la celebración, los padres y las madres deben de tutorar a sus hijas en todo tiempo, pero especialmente en los meses precedentes al rito de transición. Sería bueno charlar de las expectativas, cambio de rol y nuevas responsabilidades que esperan a su hija después del evento.

¿CUÁL ES LA MEJOR EDAD PARA CELEBRAR EL RITO DE TRANSICIÓN DE SU HIJA?

No hay dos hijos exactamente iguales, y no hay dos hijos que maduren exactamente a la misma edad. Por lo tanto, una hija podrá estar preparada para aceptar nuevos niveles de responsabilidad a los trece años, mientras que otra puede requerir más tiempo. De manera que no tiene por qué sentir la obligación de organizar la celebración de sus hijas a la misma edad.

Además del nivel de madurez, hay otros factores que influyen en la fecha a escoger. Por ejemplo, si la familia está pasando por un tiempo muy agitado, próximo al cumpleaños de su hija (como una mudanza o una grave enfermedad de un ser querido), entonces sería bueno retrasar la celebración un mes o dos. No recomiendo celebrar rito de transición para una hija menor de trece años.

Como padre o mentor usted debe considerar en oración si la niña está preparada para esta ceremonia transformadora. Con seguridad, es más arte que ciencia, por lo cual no puedo ofrecerle una guía precisa a seguir para organizar el rito de transición. Algunas chicas estarán preparadas para asumir la responsabilidad, y la libertad añadida, mucho antes que otras. Otras precisarán más tiempo para alcanzar el nivel de madurez y el entendimiento conveniente para que la celebración sea realmente significativa. Pero le ofreceré este consejo: si tiene alguna duda respecto a la capacidad de la muchacha para comprender el sentido de la celebración, espere unos cuantos meses, enséñele un poco más acerca de la feminidad y la madurez, y programe *entonces* el evento.

Una vez dicho esto, creo que es muy importante afirmar la edad adulta en los primeros años de la adolescencia. Muchas culturas a lo largo de la historia han identificado la adolescencia como el tiempo adecuado para que sus hijas (o hijos) experimenten una transición a la edad adulta. En la cultura moderna reconocemos claramente que los años adolescentes son únicos, pero lamentablemente no hemos sabido qué hacer con ellos. En vez de temer este periodo y tenerlo por un tiempo de rebelión inminente, podemos empezar a celebrarlo como un tiempo de transición ordenada.

¿Y EN CUANTO A UNA HIJA MAYOR?

Pero ¿qué decir de aquellos padres que tienen hijas mayores que nunca han tenido rito de transición? ¿Han perdido estas jóvenes la oportunidad de alcanzar la madurez de la edad adulta? ¡En absoluto! Este tipo de celebración será extremadamente eficaz para la joven de diecinueve años, veintiuno, o más. A decir verdad, esta celebración puede ser un evento transformador incluso para personas que hayan alcanzado los veintitantos o los treinta y tantos años. El viejo dicho de «mejor tarde que nunca» se aplica aquí como anillo al dedo.

Cuando se prepara un evento para una hija mayor, la celebración puede significar la afirmación de la transición que ha tenido lugar anteriormente, no el evento en el que tiene lugar la transformación en la edad adulta. Hemos ayudado a diseñar ritos de transición para jóvenes adultas que realmente cambiaron sus vidas. No importa cuál sea la edad, todos necesitamos afirmación y confirmación para ser recibidos como adultos por la comunidad, o por los miembros adultos de la familia.

Aunque este tipo de ceremonia puede relacionarse con el cumpleaños de la adolescente, también se puede vincular con otros hitos especiales que se celebren posteriormente en la vida de la joven, como su graduación en el instituto o su ingreso en la universidad. Es decir, no hay por qué esperar hasta cierto cumpleaños para organizar la celebración. Aproveche cualquier oportunidad que tenga, lo antes posible. Usted y su hija se alegrarán de hacerlo. Toda la sociedad también se beneficiará.

¿CUÁL ES EL ROL DE LA MADRE? ¿Y EL DEL PADRE?

El papel de la madre y el padre en la celebración de su hija es también importante. Kathy y yo concordamos en que, siempre que sea posible, la madre debe de ayudar a organizar la ceremonia y hacer de anfitriona. El padre puede pasar un tiempo especial con su hija, por ejemplo, salir a comer o cenar con ella antes de la celebración. También, puede escribirle una carta recordatorio para que ella la lea en casa, o su mamá la lea durante el evento. Pero lo fundamental es que hemos llegado a la conclusión de que es mejor que el padre no *haga de anfitrión ni asista a la mayor parte de la celebración de su hija*. Es mejor que la madre se encargue de este aspecto.

Soy consciente de que éste es un asunto muy emocional que lleva tiempo desmenuzar. Sin embargo, la celebración que marca la transición de la niña a la edad adulta se lleva mejor a cabo en presencia de otras mujeres. Pero también siento con la misma intensidad que el padre (o una figura paternal) debe estar presente para bendecir a la hija cuando esté próxima la conclusión de la ceremonia. Gran parte de la identidad de un hijo o una hija depende de la bendición del padre (o falta de ella), de modo que ésta es la clave. Las madres pueden ayudar a los padres a entender y disfrutar lo que allí tiene lugar grabando la ceremonia y tomando algunas fotos. Es un tiempo muy emotivo para todos, por lo que un poco de interés, comunicación y esmero adicionales contribuirán a que el rito de transición sea un evento agradable y gratificante para toda la familia.

Cuando no haya madre que participe, el padre soltero tendrá que buscar una mujer adecuada para ayudar a organizar el rito de transición de su hija. Una miembro de la familia o colaboradora en el ministerio de mujeres de una iglesia local será excelente sustituta para suplir a una mamá que no puede participar.

¿TIENE QUE SER UN EVENTO ESPIRITUAL?

No conozco cultura, pasada o presente, que haya celebrado ritos de transición para su juventud y no acertara a tener en cuenta los aspectos profundamente espirituales de la ceremonia. Aunque esas culturas no compartan un mismo enfoque teológico, concuerdan claramente respecto a una verdad fundamental: la vida es más de lo que se ve con los ojos naturales. En triste contraste, la sociedad moderna, con toda su arrogancia e ignorancia de la gracia sustentadora de Dios, intenta apartarse cada vez más de su espiritualidad profundamente enraizada. ¡Qué error tan trágico!

No debemos permitir que los ritos de transición de nuestros hijos se conviertan en sofisticadas fiestas de cumpleaños, desprovistas de espiritualidad, en las que Dios y el fundamento religioso brillan por su ausencia. Hacer esto sería un grave error. Pero los padres no tienen por qué ser superestrellas espirituales para que la celebración sea genuina. Sólo necesitan tener un verdadero deseo de conocer a Dios y de seguirle lo mejor que puedan. Esta sinceridad, no la perfecta asistencia a la iglesia o a la junta de diáconos, será apreciada, admirada y emulada por sus hijas.

¿QUÉ PAPEL JUEGA LA ORACIÓN?

Si hay alguna etapa en la que se deben apartar las distracciones y dedicar tiempo a la oración reflexiva por su hija, es precisamente antes de la celebración. No hay sustituto. El influjo de la oración será evidente de muchas maneras durante la celebración. Los padres deben considerar en oración a quién invitar, dónde tener la reunión y qué incluir en el programa del rito de transición de su hija. Todos estos son aspectos importantes del evento y no debe darse nada por sentado. La oración ayudará a las mujeres a saber qué escribir, declarar y ofrecer a la mujer en ciernes. La oración sellará la bendición de su hija cuando concluya la celebración. La oración es la mejor garantía que puede tener de que su celebración logrará sus objetivos inmediatos y eternos.

¿ES PREFERIBLE CUANTO MÁS GRANDE MEJOR?

En una palabra... no. Nuestra sociedad predica constantemente que lo grande es mejor que lo pequeño, lo lujoso mejor que lo sencillo, y que con dinero cualquier cosa puede salir bien. No se deje atrapar por ninguna de estas falacias cuando se trate de la celebración de su hija. Una ceremonia preparada en oración, celebrada quizá en un sótano de cemento, a la que asista un puñado de mujeres, será infinitamente más eficaz que un gran montaje impío en un elegante centro de conferencias. Lo que importa en este caso es la calidad, no la cantidad. Siga orando al respecto, y cuándo, dónde y quién debe asistir pronto le serán evidentes.

¿CÓMO GESTIONAR EL EVENTO?
¿DÓNDE COMENZAR?

Naturalmente, hay muchas posibilidades, y conviene tomarse la libertad de ser creativo. No obstante, le ofreceré algunas sugerencias generales que le pueden ayudar a planificar el proceso. Es una buena idea que otras personas colaboren. Para nosotros fueron de gran ayuda.

Escoja un lugar práctico

Recuerde que la celebración es concebida principalmente para permitir que la muchacha reciba bendición, afirmación y estímulo de mujeres mayores. De manera que el evento podrá ser tan elaborado o sencillo como se lo proponga. El impacto dependerá de la profundidad de lo que se comparte, no del escenario escogido. Por lo tanto, pueden ser idóneas distintas ubicaciones, por ejemplo, una casa, hotel, iglesia, camping, o salón de conferencias alquilado. En cualquier caso, escoja un lugar que acoja cómodamente a todas las damas que piensa invitar y donde haya espacio suficiente para desarrollar todas las actividades proyectadas.

Tiempo

Al igual que hay muchas alternativas en cuanto a *dónde* celebrar la ceremonia, las hay también por lo que respecta a *cuándo* programarla. Puede planificar la suya para cualquier día de la semana, pero debe tener en cuenta horarios de trabajo, obligaciones escolares, vuelos de invitadas que residen más lejos y otros posibles inconvenientes.

La mayor parte de las celebraciones en las que hemos participado tuvieron lugar en fines de semana. Cerciórese de tener tiempo suficiente para no ir contra el reloj. Este evento, único en la vida, no debe estar sometido a ninguna presión ni ser ensombrecido por otro evento que compita con él.

Disponga el refrigerio

Resulta agradable ofrecer algún refrigerio durante la celebración. Se puede tomar antes o después del evento. El refrigerio puede consistir en una cena normal, tentempiés, tarta, refrescos o una combinación adecuada de los mismos para adornar el evento de su hija. Pero no piense que tiene que encargar una comida para que la celebración sea un éxito. En realidad, la comida y los refrescos son elementos adicionales, no esenciales, de la celebración. Yo me inclino por ofrecer tentempiés ligeros antes de la celebración. Esto da tiempo a que lleguen las retrasadas. Yo evitaría el ofrecer una cena completa, porque esto requiere mucho tiempo que sería mejor dedicarlo a la propia celebración.

Contacte con los invitados para que se preparen

El número de mujeres que asiste a la celebración puede oscilar entre tres y treinta. No aconsejo que se congregue un mayor número de personas, ya que crea problemas de espacio y alarga en demasía la duración de la ceremonia. En esto también, el número no significa que sea necesariamente mejor. Su hija será bendecida por el hecho de que unas pocas mujeres se toman la molestia de asistir a su evento. Ella también reconocerá si alguna de ellas asistió por obligación o compromiso no más. Y no es recomendable que alguna invitada esté allí preocupada con otras cosas. Así pues, escoja sabiamente.

Las invitaciones deben ser enviadas al menos dos semanas antes del evento. No obstante, es preferible avisar con cuatro semanas, o más, de antelación para dar tiempo al ajuste de horarios recargados. Puede usar nuestra carta como modelo o escribirla usted misma. Asegúrese de indicar el lugar, la hora, y demás detalles, y especifique la contribución que usted espera de las invitadas. No asuma que ellas entienden el concepto de rito de transición desde el primer momento. Explíqueles pacientemente lo que se propone hacer, aduzca razones para el evento y decláreles específicamente lo que necesita de ellas. Pídales que se pongan en contacto antes de la celebración si tienen alguna pregunta para que acudan debidamente preparadas para ministrar a su hija.

Piezas y representaciones

Las representaciones breves pueden ser instrumentos eficaces para enseñar lecciones para la vida. Elevan el antiguo adagio de «una imagen vale más que mil palabras» a una nueva dimensión: ¡una *demostración* equivale a mil imágenes! Esto, por supuesto, significa que las representaciones que usted escoja deben estar concebidas para enseñar amorosa y eficazmente lecciones que su hija va a necesitar en el futuro. Permítame eliminar posibles problemas con algunos consejos a observar:

SEA muy creativa en el diseño de las presentaciones. No hay escasez de situaciones o desafíos que afrontar en la vida, de modo que se pueden abarcar numerosas lecciones en una escena. La mujer actual tiene que habérselas con la autoestima, la amistad, el trabajo, la educación, elecciones, pureza, fe y una amplia gama de asuntos. Cualquiera de esos motivos ofrece un amplio repertorio. No tienen por qué ser divertidos o elaborados para ser eficaces. Pero asegúrese de que se adecuan a la edad, nivel de madurez y experiencia de su hija.

ESCOJA a los participantes sabiamente. Asegúrese que cada participante en las dramatizaciones sea de confianza y capaz de asumir las tareas encomendadas. Quiero decir con esto que no se puede pedir a una pariente que se declara atea que intente reflejar un mensaje acerca de la importancia del fundamento espiritual para la vida. Esto no será bien recibido. Tampoco pida que participe en una obra quien tienda a atraer la atención sobre sí misma. La actuación de una potencial comedianta delante de una docena de mujeres es una receta para el desastre en el contexto de una celebración. El enfoque debe recaer en la lección, no en las personas que actúan en la dramatización. Escoja participantes juiciosas, sociables y no inclinadas a actuar tontamente. Y además, cerciórese de que tienen tiempo para preparar su papel.

NO HAGA *de la obra su «arma» definitiva.* Éste no es el vehículo apropiado para «por fin» hacer comprender un punto particular a su hija. No se ha de usar como arma arrojadiza para intimidar a su hija por sus pecados anteriores. Una madre frustrada puede haber estado aconsejando a su hija durante años acerca de la necesidad de mejorar el aseo, la diligencia, la espiritualidad o cualquier otro hábito. Pero la noche de su celebración especial no es el momento de insistir en ninguno de esos puntos. Sería una lección enmascarada. No se moleste. Rebajaría el tono del evento y probablemente garantizaría unos cuantos años más de insumisión por parte de su hija. Le animo a creer en el proceso de celebración y dejar que su hija siga creciendo en madurez después del mismo.

NO *diseñe una obra que avergüence a su hija.* Evite humillar a su hija destapando sus debilidades o pasados fallos. Por ejemplo, si ha tenido algún problema con la autoridad escolar, una obra acerca del respeto a los profesores sería una mala idea. Asimismo, si ha tenido problemas con las drogas o el alcohol, una obra acerca de los peligros del consumo de sustancias tóxicas sería inapropiado. La joven lo percibiría como un intento de avergonzarla delante de mayores respetables. Y desde luego, no debe proponerse tal cosa.

Y llegamos al último consejo: Cuando diseñe sus piezas asegúrese de que *todos los objetos estén disponibles cuando los necesite.* No tiene por qué andar haciendo cambios de última hora porque no se puede disponer de alguna cosa, o se ha roto u olvidado.

Muéstrese abierta a incluir actividades alternativas

Por varias razones, algunas personas no se sentirían cómodas si tuvieran que concebir representaciones dramatizadas para la celebración de sus hijas. Puede que no estén seguras de su capacidad para crear una obra, o piensen que sus hijas no van a responder favorablemente al mismo. En tales casos, hay muchas alternativas que pueden conseguir que la celebración resulte interesante, impactante y memorable para una hija.

Una de ellas es preparar una cartulina u hoja de papel grande con el nombre de la joven en la parte superior. Pase la cartulina a las asistentes y pídales que escriban dos palabras para calificar a su hija. Palabras como diligente, fuerte, amable, inteligente y amorosa animarán grandemente a su hija y le ayudarán a verse como otros la ven.

Otra alternativa es que la madre o la abuela compartan anécdotas y recuerdos entrañables de la infancia de su hija o nieta. Éstos deberán ser positivos y no avergonzar a la joven. Su primer logro importante, hecho de amabilidad u otro rasgo notable recordarán a todos que su hija ha venido provocando un impacto positivo en su familia y su mundo desde su llegada.

Otra alternativa o adición a las piezas y dramatizaciones es presentar a su hija un álbum de recortes con fotos y hazañas del pasado. Este tipo de presentación supondrá una excelente base para el futuro de la joven.

El punto principal es éste: La celebración debe estar concebida de tal manera que deje recuerdos positivos e imborrables en su hija. Ella recordará lo que vio, los sonidos, los mensajes, las personas y las emociones vividas durante toda su vida. Tómese tiempo para diseñar la celebración teniendo esto en cuenta.

Como pensamiento final, recuerde que el amor es el motivo subyacente de la celebración. Afortunadamente, el amor cubre multitud de pecados, errores y fallos, de manera que no tiene que preocuparse si algo no sale exactamente como fue planeado. El amor se encargará de ello. Mientras proyecta su celebración, relájese y siga los dictados de su corazón. ¡Todo saldrá bien!

VISIÓN DE FUTURO PARA SUS NIETOS

Nuestro sueño es que estas celebraciones formen parte de la cultura de la familia Molitor en las generaciones venideras. Después de la primera celebración de nuestro hijo mayor, Christopher, tuvimos tres años para preparar la de Steven, cinco años para la de Jenifer y siete años para la de Daniel. Aprovechamos ese tiempo para conversar dilatadamente (tutorar) sobre la edad adulta, la madurez y la creciente responsabilidad de cada uno de los hijos. También aprovechamos ese tiempo para bendecirles con palabras, toque y oración. En consecuencia, cada uno de ellos aguardó ilusionado el día inminente de su transición. La idea de los ritos de transición está arraigando en el tejido mismo de nuestra familia inmediata y extendida —hasta tal punto que esperamos poder participar en las celebraciones de nuestros nietos—. El punto principal es que Ud. debe presentar la idea de la celebración a su hija tan pronto como le sea posible. Si perdió la oportunidad con su primer hijo o hija, no la pierda con el segundo. Si la perdió con sus hijos, no la pierda con sus nietos. Como consecuencia de ello muchas vidas serán cambiadas.

18

ESPERANZA PARA UNA HIJA ANGUSTIADA

ESTE CAPÍTULO TRATA DE la restauración y reconciliación de hijas angustiadas con sus padres y con su Creador. Esto se puede lograr. Pero antes es preciso entender el tipo de chica de que estamos hablando. Entonces, tendremos en cuenta (1) cómo mirar más allá de su rebelión para apreciar algo muy positivo y (2) cómo prestar atención a lo que está sucediendo en el resto de la familia. Finalmente, examinaremos algunas formas prácticas de mantener la esperanza viva en familias que sufren a causa de sus hijas pródigas.

HIJAS DESCARRIADAS

A veces me preguntan si los padres deben organizar planes de tutoría, bendición y ritos de transición para una hija que anda actualmente en rebeldía, o involucrada en drogas, alcohol, sexo y otras conductas negativas. Yo respondo ineludiblemente que sí. Sin embargo, es necesario hacer algunas modificaciones para que el proceso funcione. Un plan de tutoría gentil y bendición intencional, que culmine con un rito personalizado de transición, ayudará a muchas hijas descarriadas a recuperar la buena senda.

El término *descarriado* es antiguo, pero sigue describiendo certeramente a muchas jóvenes actuales. Según el diccionario Webster, *descarriado* significa: «insistir en el propio camino, rechazar los consejos, deseos o mandatos de otros; mostrar obstinación, desobediencia. No conformarse con ningún patrón o norma establecida; ser imprevisible».

Con frecuencia, las jóvenes de hoy insisten en escoger sus propios caminos, a pesar del consejo de los que están en autoridad. Muchas jóvenes atribuladas se han criado solas sin una adecuada supervisión parental. A otras las abandonaron sus padres o sus madres, lo que les privó de un modelo positivo a seguir. Ciertamente, el divorcio es hoy una causa importante de dolor e ira para muchos jóvenes, chicos y chicas. Tal vez sea fácil discernir las causas que fomentan la rebelión juvenil. No obstante, también hay muchos adolescentes atribulados, desobedientes e impredecibles, criados en «buenos» hogares por padres amorosos que hicieron todo lo que pudieron.

En estos casos, todos buscamos respuestas a preguntas evidentes, como ¿qué fue lo que se torció?

¿QUÉ SE TORCIÓ?

Nuestros hijos son bombardeados a diario con mensajes contradictorios acerca de la vida, la edad adulta, la sexualidad, la moral y muchos otros asuntos. Hormonas febriles y vigorosas químicas cerebrales provocan grandes oscilaciones de estados de ánimo hasta en los adolescentes más estables. Amores perdidos y corazones rotos impulsan a muchos jóvenes a hacer cosas que lamentarán años más tarde. La influencia de las amigas insufla ideas en nuestras hijas que parecen buenas a corto plazo, pero a la larga acarrean consecuencias negativas. Lo que antes estaba reservado para los varones, hoy afecta a las jóvenes, como problemas relacionados con las drogas y el alcohol, multas por exceso de velocidad, enfermedades de transmisión sexual e incluso noches de cárcel. Los padres de hijas caídas en cualquiera de estas trampas sufren a causa de las inevitables secuelas que acarrean culpabilidad, frustración, vergüenza, temor, perplejidad y complicaciones legales que acompañan a las conductas descarriadas.

Como padres, Kathy y yo nos damos cuenta de que hemos cometido muchos errores en la crianza de nuestros hijos. No dijimos cosas que debimos decir. Y dijimos cosas que no debimos decir. Podríamos haber pasado más tiempo con cada hijo; deberíamos haber sido más estrictos en algunas cosas y más flexibles en otras; deberíamos… El mensaje es claro. Por supuesto, todos podríamos haber criado mejor a nuestros hijos. No obstante, ninguno éramos, somos ni seremos perfectos. Por eso nuestras hijas necesitan un Padre celestial que cubra nuestros defectos.

LA FUERZA DEL PERDÓN

Nuestros fracasos dan al arrepentimiento y al perdón grandes oportunidades de llevar a cabo su obra excelente. Muchas veces hemos tenido que pedir perdón a nuestros hijos por algo que habíamos dicho o hecho. Es asombroso comprobar cuán eficazmente este hecho sencillo conecta corazones y libera almas. Los padres, especialmente los papás, deben darse cuenta que pedir perdón a sus hijos cuando les fallan en algo no es síntoma de debilidad, sino más bien de fortaleza. A pesar de ello, algunos padres y madres se resisten a pedir perdón, o a admitir que han hecho algo mal. Hay que tener en cuenta que la disculpa es probablemente lo mejor que se puede hacer para restablecer el fundamento de la confianza cuando los padres han fallado. A veces, el extravío de nuestras hijas es debido a algo que hicimos mal. Es decir, puede que nosotros guardemos la llave que suelte las cadenas que las mantiene atadas.

CUANDO EL CORAZÓN DE UN PADRE SE VUELVE HACIA SU HIJA, TAMBIÉN ELLA VOLVERÁ SU CORAZÓN HACIA ÉL

Es importante darse cuenta de que el acto sencillo de pedir disculpas y perdón a una niña es mucho más que un acto «religioso». Abre la puerta a la intervención milagrosa de Dios. No hace mucho, recibí una llamada telefónica de Pedro (no es su verdadero nombre), quien asistió a un retiro de hombres ofrecido por la Malachi Global Foundation. Con lágrimas en los ojos, Pedro explicó que había aceptado a regañadientes asistir al retiro ante la insistencia de unos amigos. Yo enseñé allí acerca del poder del toque de un padre y de cómo, a veces, usamos las manos para hacer daño, en vez de sanar a nuestros hijos. Pedro explicó que cuando hablé del poder de dañar o sanar, él sintió como si le hubiera alcanzado un rayo, justo en medio de varios centenares de hombres. Se remontó inmediatamente a un tiempo en el que un «amigo» les aconsejó a él y a su esposa cómo disciplinar a sus dos hijas.

El consejo fue nunca permitir que las niñas respondieran a los padres, y ante el primer reto a la autoridad de éstos, «disciplinarlas» severamente. ¿Método a seguir? Una bofetada sonora. Como padres inexpertos que deseaban educar a sus hijas correctamente, Pedro y su esposa siguieron el errado consejo de su mentor, y siempre que sus hijas se pasaban de raya, Pedro las abofeteaba. En privado, en público, dondequiera que fuese.

Durante la conversación telefónica, Pedro me confesó que en el resto del retiro, no pudo concentrarse en ninguna cosa que yo dijera. Quedó sumido en un dolor intenso por el daño emocional causado a sus preciosas hijas, que ya tenían catorce y diecisiete años. Como es natural, llegados a este punto ambos rompimos a llorar. Yo percibía la compunción en su voz mientras el quebrantado padre compartía conmigo su sentir.

Pedro me intimó que después del retiro se apresuró en llegar a casa para contar a su mujer lo que había descubierto. También hizo algo que nunca había hecho en los dieciocho años de su matrimonio. Pidió perdón a su esposa por todos sus errores. Y, entonces, rompió a llorar por primera vez delante de su esposa. Su corazón se compungió de forma admirable y se volvió hacia su familia. Poco después, él y su esposa empezaron a llorar juntos y Dios sanó una relación tensa. Pedro llamó luego a sus hijas a la sala, primero a una y después a otra, y les pidió perdón por haberlas abofeteado. Una hora después de llegar a casa este padre arrepentido, los cuatro se habían fundido en llanto, arrepentimiento y perdón, y abierto su corazón al resto de la familia.

Si la cosa hubiera terminado ahí, habría bastado, pero Pedro dio otro giro de tuerca que demostró el increíble poder de un padre arrepentido, como declara Malaquías 4:6. Confesó que aunque nadie lo supiera, aparte de la familia, habían tenido que recibir consejo prolongado el año anterior. Su hogar había sido un infierno, un campo de batalla, donde abundaba la ira, los gritos, los improperios, se arrojaban objetos y se daban portazos. El amor había estado ausente varios años. Pero después de aquella noche en que el corazón del padre se volviera hacia su familia, las cosas empezaron a cambiar hasta tal punto, que cuatro semanas después Pedro recogió a su esposa e hijas para hacer su visita semanal a la oficina de la consejera. En esta ocasión, en vez de las sesiones individuales, Pedro solicitó que se les permitiera hablar con la consejera como familia. Durante la sesión, Pedro explicó lo que les había sucedido y manifestó a su familia el deseo de poner término a las sesiones de consejo. ¿Sus razones? Ya no las necesitaban. La reacción de la consejera fue predecible. Le horrorizó que un grupo tan disfuncional pudiera arreglárselas por sí mismo. Predijo que la familia de Pedro pronto acabaría siendo un caos. A pesar de sus objeciones, la familia mantuvo que se había producido un cambio profundo. Durante nuestra conversación, Pedro me dijo que la consejera dedicó dos horas a entrevistarse con los miembros de la

familia. Intentó buscar una razón para desarrollar el plan de conseje-
ría a largo plazo. Pero después de finalizar aquella sesión, la consejera
profesional llegó a una sorprendente conclusión. Algo había cambiado.
La sanidad que había esquivado a la familia por tanto tiempo, de algún
modo había llegado a cuatro corazones que ya no necesitaban de ayuda
profesional. Dejó ir a Pedro y su familia con una sonrisa. Fueron sanados,
por el poder del perdón y el milagroso vuelco del corazón de un padre
hacia su esposa y sus hijas.

LA NECESIDAD DE UN BUEN MODELO

Estoy convencido de que los padres pueden ayudar a sus hijas a evitar los
peligros que acechan a la juventud. La clave se halla en la última línea de
la definición que da el diccionario Webster's al término *indocilidad*. Dice
así: *«No se conforma a regla o norma fija»*.

En nuestra sociedad no hay escasez de normas y patrones destinados
a controlar el comportamiento diario de la juventud. Los padres estable-
cen normas y horarios para acostarse, llegar a casa por la noche e instrucciones específicas sobre cómo realizar las tareas. Las escuelas y colegios
dictan normas relativas a no correr por los pasillos, abstenerse de mas-
ticar chicle, dónde no hay que sentarse, e incluso cuándo ir al baño. Los
estudiantes deportistas se entrenan y reciben férrea instrucción respecto
a ciertas jugadas o modelos de juego en sus deportes respectivos.

Ninguna persona razonable pondría en duda que este tipo de reglas,
patrones y entrenamientos son necesarios para que los jóvenes aprendan
expectativas básicas, normas y límites. Por el contrario, pocas jóvenes
reciben instrucción, modelos u orientación acerca de su próxima feminidad. Lo más común es que reciban pequeñas porciones o sonidos encrip-
tados lanzados a ellas caprichosa u ocasionalmente. Declaraciones como
«ya va siendo hora de que crezcas» o «deja de comportarte como una
niña», pueden significar algo importante para los adultos que las emiten,
pero para una joven están sujetas a enorme variedad de interpretaciones.
Declaraciones como éstas no son ciertamente fundamento válido sobre
el que una joven pueda edificar su futuro; con todo, suelen ser las únicas
que oye.

Esto sucede incluso en «buenos» hogares en los que la ausencia de
una senda clara hacia la madurez adulta animará a las jóvenes a procla-
mar la suya propia. Tristemente, su exploración a veces las arrastra a

emprender una ruta equivocada que acaba en extravío, relaciones rotas y vidas dañadas. Sin embargo, hasta los casos más difíciles se pueden remediar. Antes de profundizar en el tema del extravío, tengo que compartir un pensamiento importante con los padres que tengan una hija angustiada.

LIBRE ALBEDRÍO, LIBRE ELECCIÓN

Hay padres que arrastran una culpa innecesaria, se auto-inculpan de todos o algunos de los problemas que acosan a sus hijos. Aquellos cuyas hijas se han extraviado o metido en problemas deben descansar en la posibilidad muy real de no haber hecho nada grave durante su crianza. Recuerde, los jóvenes tienen libre albedrío y toman decisiones en la vida, lo mismo que nosotros. Si toman buenas decisiones, por lo general, les seguirá una vida buena. Si las toman malas, montarán el escenario para sufrir verdaderos problemas. Ciertamente hay precedentes bíblicos que confirman esto.

Considere el relato de la Creación. Nuestro Padre celestial diseñó un mundo maravilloso para que vivieran sus primeros hijos, Adán y Eva. Ellos lo tenían todo a su favor, ¿no es así? Clima perfecto, paseos diarios con Dios, nada de publicidad televisiva y un matrimonio concertado en el cielo... Pese a todo, metieron la pata. Tan solo un par de mordiscos, y una mala elección pusieron fin al paraíso y expuso sus vidas al dolor, la fatiga, la muerte y muchos otros males. Asombrosamente, Adán y Eva se metieron directamente en el único atolladero en el que se podían meter en la tierra, en aquel momento. (¿No se parece esto al caso de algún adolescente que Ud. conozca?)

A pesar de que su Padre no había hecho nada mal, estos jóvenes iban a sufrir las consecuencias de sus malas elecciones. El quid de la cuestión es el siguiente: no permita que la culpa o la condenación le paralicen por causa de la conducta de sus hijos en este momento. Ya sea que su hija se haya metido en problemas, caído en rebelión, o esté encerrada en la cárcel, todavía hay esperanza, siempre y cuando usted se involucre en el proceso. En tanto en cuanto su hija esté viva, Ud. puede influir en ella con un compromiso renovado de amarla, orar por ella y bendecirla. Como hizo Dios con sus primeros hijos, podemos cubrir a los nuestros lo mejor que sepamos y podamos, aunque hayan caído. Nuestro Padre celestial nunca abandonó a sus hijos, de modo que tampoco debemos nosotros abandonar a los nuestros.

Si ha estado preocupado, o lamentando y llorando los errores de ella, o, peor aún, los suyos propios, tenga en cuenta que hay un tiempo para el dolor, pero también para seguir adelante con un nuevo plan. Si ha estado paralizado por la falta de confianza en sí mismo y ha sido presa de la duda por las decisiones que tomó, es el momento de abandonar los comportamientos derrotistas. Tenga en cuenta que la única razón para repasar mentalmente una equivocación es evitar cometerla en el futuro. Todo lo demás, aparte de esto, será una pérdida de tiempo. He aquí algunas ideas prácticas para interactuar con una hija angustiada.

CONSIDERE LA REBELIÓN TERMINADA

De todos es conocida la parábola del hijo pródigo. Trata de un joven que abandona el hogar por un tiempo para entregarse a una vida disipada. Finalmente, el hijo se da cuenta de su error y siente nostalgia por regresar a casa. El joven halla a su padre esperándole y vigilando su llegada. En vez de una dura reprimenda, el hijo recibe la bendición del padre.

La buena nueva de este relato es que nos recuerda que llega un tiempo en el que hasta el joven más rebelde recapacita, recupera el sentido común y desea vehementemente una nueva oportunidad en la vida. Esto debería devolver la esperanza a muchos padres cuyas hijas han escogido el camino errado. Por favor, no se rinda. Como el padre de la parábola, siga esperando, oteando en lontananza, el retorno de su hija.

Recuerde también que hay dos personas implicadas en el proceso de reconciliación: el padre y el hijo. Cuando el padre vio a su hijo acercarse y salió a recibirle tenía todo el derecho de regañarle airadamente y recordarle: «¿No te avisé del peligro que corrías?» Pero no hizo esto.

La Biblia relata que cuando el padre vio a lo lejos a su hijo descarriado, corrió hacia él, le besó y le honró entregándole un vestido y un anillo de autoridad. Esto es un modelo para todos nosotros. ¿Puede imaginarse el aspecto que ofrecería aquel hijo después de tanto tiempo de perdición, pobreza y suciedad? ¿Puede imaginarse el hedor que aquel joven desprendería después de haber vivido entre cerdos? Con todo, el padre corrió hacia él y le besó.

Claramente, el amor incondicional del padre le ayudó a ver lo que otros no acertaron a ver al mirar al hijo extraviado. Como sólo un padre puede hacer, este hombre pasó por alto la suciedad y se fijó en su potencial: la promesa, los dones, y el llamamiento que un Dios soberano había hecho al hijo. El acongojado padre vio las ojeras que marcaban el rostro del joven y las heridas que inevitablemente se producen cuando se viven duras experiencia lejos de casa. No obstante, a pesar de las cicatrices, él sabía que había esperanza para el futuro del joven. ¡Esto bien valía una celebración!

¡MANTENGA VIVA LA ESPERANZA!

Como el padre del relato bíblico, muchos padres tienen hijas que ya han abandonado el nido, en sentido físico o emocional. A menudo, los padres de las hijas extraviadas sienten que lo único que pueden hacer es esperar pasivamente a que ellas reanuden relaciones con ellos. Pero no es así. Aunque parezcan tiempos tristes, hay varias razones para conservar la esperanza.

En primer lugar, si su hija se ha rebelado y abandonado el hogar, es útil constatar que su Creador la ama más que Vd. Su hija es, ante todo, una creación de Dios. Por tanto, a pesar de su extravío, la joven siempre podrá contar con la atención de su Padre celestial.

En segundo lugar, aunque su hija haya partido hacia un país lejano, Vd. puede aún mantenerse cerca de ella por medio de la oración. «Velar y orar» es una estrategia mucho mejor que «impacientarse y preocuparse». Más tarde o más temprano la verá acercarse por el camino. No deje de velar y no deje de orar hasta que haya vuelto a casa.

En tercer lugar, todos nosotros fuimos creados con el deseo innato de conocer quiénes somos, de dónde venimos y por qué estamos aquí. Nadie encontró jamás su verdadera identidad en la vida disipada, y nadie echa raíces profundas en una pocilga. Al final, como el hermano menor de la parábola, su hija deseará reconectar con su familia. Cuando esto ocurra —pues, sin duda, ese día llegará—, no pregunte nada. Corra no más hacia ella, abrácela y comience a preparar un plan para su futuro.

Recuerde, el padre del relato bíblico organizó la fiesta aunque su hijo todavía estaba sucio y *antes* que diera evidencias de haber cambiado. De modo que, si Ud. espera para organizar una celebración en honor de su hija hasta que su vida esté bien arreglada, nunca lo hará. No hay razón para esperar.

Sin duda, la celebración de la transición es en buena medida clave para el futuro de su hija. Tal vez, por primera vez en su vida, será honrada por el hecho de ser una mujer portadora del llamado irrevocable de Dios.

Con sus duras experiencias como telón de fondo, una hija descarriada es capaz de entender los dos caminos básicos que toda persona tiene por delante. Uno conduce a la madurez, la responsabilidad y la satisfacción duradera. El otro conduce a una mayor irresponsabilidad, placeres temporales y lamento perpetuo. Ella apreciará contar con una nueva oportunidad para escoger la buena senda.

CÓMO TRATAR A UNA HIJA EXTRAVIADA

Lo primero que deben hacer el padre o la madre de una hija extraviada es mirar el interior para determinar la condición de su corazón. Éste es un tiempo para desprenderse de toda culpa, ira, amargura y deseo de venganza contra ella por toda la pena que haya causado. Una vez que se logra esto, la cosa se pone muy interesante.

Si Ud. puede contactar con su hija, hágalo. Intente reconciliar las diferencias que puedan tener y empiece a reconstruir su relación. Perdónela toda pena o vergüenza que le haya causado. Nuestra sociedad ha facilitado el divorcio de los esposos, pero, afortunadamente, aún no se las ha arreglado para «divorciarnos» de nuestros hijos. ¡Ella sigue siendo su hija! Si unos «ojos-que-no-ven» se vuelven «corazón-que-no-siente», su preocupación estará en otras cosas mucho menos importantes que su hija.

No piense que no estoy siendo sensible al dolor casi insoportable que nuestras hijas nos pueden infligir con sus decisiones equivocadas. He trabajado largos años en prisiones desarrollando programas para jóvenes extraviados. A través de esas experiencias, he oído muchas historias de horror inimaginables relacionadas con la ruptura familiar. He hablado con muchos padres destrozados a consecuencia de los actos de hijos e hijas extraviados. Éstos no eran simplemente huidos de casa. Muchos habían maldecido, o se habían burlado, robado, avergonzado o hecho daño físico a sus padres. A menudo esos jóvenes acabaron tirados en la calle, ingresando en cárceles y sometidos a programas de rehabilitación, aparentemente lejos de todo contacto. Sin embargo, estoy seguro de que nuestro Padre celestial es capaz de acercarse a un hijo suyo en el rincón más oscuro del planeta y enviar un rayo de luz hasta el corazón más duro. El vínculo que mantiene unidos a padres e hijas nunca se rompe hasta el punto en que Dios no pueda repararlo.

Pero ésta es la buena noticia. Al igual que he sido testigo de muchas tragedias familiares, también he visto gran número de milagros, gracias a los cuales, jóvenes, al parecer sin esperanza, fueron reconciliadas con Dios, sus familias y sus destinos.

Como cabía esperar, hay un modelo para este proceso de restauración y reconciliación. La oración es la base y el amor incondicional es el motivo. Ud. debe amar a su hija a pesar de lo que haya hecho. Esto no quiere decir que ha de aceptar y amar su pecado, sino que éste no obsta para dejar de *amarla*. El perdón es esencial. Sin él, sólo habrá una bomba de relojería que acabará explotando, por causa de las pasadas transgresiones de su hija, en el peor momento posible.

Finalmente, tendrá que ser paciente si desea evitar muchas noches de insomnio. Recuerde, el padre que aguardaba la aparición de su hijo, lo reconoció desde lejos. Yo supongo que él escrutaba a la luz del día y dormía por la noche. Haga que el resto de su vida siga adelante mientras espera con paciencia. Siga oteando, orando y amando. Derrame su amor y su atención sobre los miembros de la familia que siguen estando bajo su techo. Si tiene algún tiempo extra, implíquese en ministrar a jóvenes de su iglesia o comunidad. Su intercambio con otras familias necesitadas liberará compasión en Ud. y las consolará con grande consolación. Más adelante, cuando su hija regrese, planifique *inmediatamente* una celebración que le ayude a reiniciar la jornada hacia la madurez adulta.

19

CELEBRACIÓN DEL REGRESO DE UNA HIJA PRÓDIGA

LAS HIJAS E HIJOS EXTRAVIADOS necesitan ayuda para encarrilarse. Aunque esta cuestión no se puede abordar de una manera sistemática, a buen seguro, se pueden abrazar algunos principios elementales. Uno de los principios más importantes es que el padre debe establecer el tono de la nueva relación. Este tono debe ser claro y estar basado en el amor incondicional. Ciertamente, hay ocasiones en las que hay que desplegar un amor firme para proteger a los que se ven afectados. Amor no significa tolerar comportamientos destructivos o ilegales. Pero *sí* enfatizar que la joven recupere su sentido común y acepte el plan de Dios para su vida. Ninguna porción de gritería, amenazas o intimidación ha ayudado jamás a nadie a recuperar su sentido común, o su verdadera identidad. Al contrario, esto se ha logrado con amor, paciencia y una serie de amables recordatorios que atestiguan quién es realmente la persona.

Al recorrer este sendero pedregoso, recuerde dos cosas. La primera, es que nunca es demasiado tarde para que Dios dé la vuelta a la situación. La segunda, es que no se trata de Ud., pues sólo es el adulto responsable, sensato, en esta circunstancia. Entienda y acepte el hecho de que puede que tenga que sacrificar algo de sueño, trabajo y dinero para asegurar el regreso de su hija a «casa». Se trata de dar un vuelco en la vida de la joven. En el momento debido, la ceremonia del rito de transición puede servir como punto crítico del proceso.

La preparación de un rito de transición para una hija que ha estado extraviada por un tiempo requiere distinta mentalidad. He aquí algunas sugerencias para ayudarle a preparar su celebración.

RECONOZCA CUÁNTO HA CAMBIADO SU HIJA

Entienda que su hija ya no es la niñita que solía ser. Como Eva después de la caída, sus ojos han sido abiertos a cosas para las que no fue creada. Su mente puede estar llena de lo que antes hubiera sido impensable. Consumo de drogas, encuentros sexuales, borracheras, delincuencia, rechazo y violencia abren un tajo profundo en el alma de la joven. Todo ello puede obnubilar su percepción de los esfuerzos más sinceros por ayudarla a recuperar su base espiritual y de relación, por tanto, recuerde que necesita tener paciencia.

Esto significa que quizá no obtenga la reacción que anda buscando al inicio del proceso para volver a conectar con ella. Los conceptos de tutoría permanente, bendición y rito de transición pueden resultar extraños a su hija, y, como es natural, le llevará tiempo adaptarse a ellos. Recuerde que conviene ofrecer tutoría, bendición y auspiciar la celebración de la joven, no importa cuál sea su reacción inicial.

La hija extraviada puede también rechazar los primeros esfuerzos dedicados a instruirla, ya que está acostumbrada a tomar muchas decisiones personales. Tenga también en cuenta que las palabras de bendición y de afirmación pueden parecer poco genuinas a una joven que está desenredando las ligaduras de la culpa y la vergüenza. No se preocupe. Siga bendiciéndola. Puede que una hija pródiga no esté interesada en las cartas y regalos que recibe y carezca de habilidad social para dar las gracias a las asistentes en la noche de su celebración. Pero, vuelvo a repetir, mantenga el realismo de sus expectativas y sus emociones bajo control. A medida que pase el tiempo, el plan para su madurez dará resultado, y al final, su hija recordará con agrado su celebración. Las cartas y regalos se convertirán en recuerdos valiosos que Dios usará para animarla cuando nadie más la esté mirando.

EVITE UNA GRAN SORPRESA

No le recomiendo que sorprenda a una hija extraviada con una celebración. Yo me inclino por hacerle saber de antemano que ha programado una reunión en su honor para que se adapte a la idea. Probablemente pensará largo y tendido acerca del asunto. Una sorpresa puede ser demasiado chocante para asumirla emocionalmente y podría hacerle sentirse muy incómoda.

INVITE SÓLO A LAS MUJERES ADECUADAS A PARTICIPAR

Cuando planifique la celebración de una hija extraviada o angustiada, debe también considerar, en oración, a quién invitar e, igual de importante, a quién *no* invitar. No necesita la presencia de una amiga o pariente que se tome la celebración como una ocasión «para enderezar a su hija».

Francamente, la celebración no es el mejor momento de forzar la conversión de su hija a una vida de fe activa ni de reintegrarla a la principal corriente social. Es más bien una oportunidad para demostrarle su amor y mostrarle que hay otra manera de vivir. Es una ocasión para confesarle verdades positivas acerca de su edad adulta, mostrarle que todavía queda por delante una senda ilusionante por recorrer y expresarle cariñosamente que Dios y Ud. están a su lado. La celebración es el momento ideal para confirmarle y afirmarle que es una mujer. Es también una ocasión para que las otras mujeres confiesen algunos de los errores cometidos en el pasado y cuenten cómo Dios las ayudó a encontrar el camino. Esto ayudará a su hija a superar la culpa, la vergüenza y la tristeza. También le hará saber que esta situación no es única y que no ha traspasado el límite de su redención.

RECUERDE LOS BUENOS TIEMPOS

La celebración de una hija extraviada es también una ocasión para avivar gratos recuerdos. Soy consciente de que quizá tenga que retroceder años para recordar tiempos en los que su relación consistía en algo más que dar gritos y portazos. No obstante, casi todas las familias recuerdan algunos momentos especiales que pueden ablandar hasta los corazones más endurecidos. Quizá sea un día de camping, una vacación rutinaria o tiempo vacacional disfrutado hace más de diez años. La lista de posibles recuerdos positivos es muy larga. O pueden ser recuerdos de momentos apacibles y agradables, que padre e hija pasaron en compañía, sentados en un sofá, viendo televisión. Las primeras calificaciones o el primer gol marcado en competición pueden ser un hito que merece la pena recordar. El talento de su hija —como artista o cantante, por ejemplo— son cosas positivas a recordar. Puede sacar una vieja cinta de vídeo, o álbum de fotos de la niñez, y usarlos como temas para una tierna reflexión. Estos sucesos del pasado la ayudarán a recapacitar en que su vida no ha sido toda mala; un día conoció tiempos mejores.

No importa lo que su hija haya experimentado durante su extravío, sepa que Dios se ha cerciorado de que algunos buenos recuerdos quedaran bien guardados en su memoria, recuerdos que reaparecerán con solo un gentil codazo. Su tarea consiste en despertarla cariñosamente de la «amnesia» temporal que parece afligir a muchas jóvenes descarriadas. Uno de los mensajes más vitales que debe oír su hija es que Dios desea y es capaz de crear un nuevo comienzo para cualquier mujer que tenga el valor de pedírselo. Él ha prometido en su Palabra escrita que nada separará a sus hijos de su amor, y que para Dios todas las cosas son posibles. Ud. debe arropar a su hija con suficiente esperanza para superar los sentimientos de pérdida, vergüenza, culpa y desesperación que suelen acompañar a la joven que retorna a casa después de su extravío.

MANTENGA UNA MENTE ABIERTA A LA RESPUESTA

Quisiera animarle a prepararse para auspiciar la celebración de su hija sin prejuzgar cómo ella —o usted— va a responder. Empecemos por usted. Prepárese para un despertar de emociones y un derramamiento de algunas lágrimas. Es difícil predecir cómo va a reaccionar su hija en el día de su celebración. Puede sentirse feliz y optimista, o taciturna, deprimida o indiferente.

Puede parecer simplista manifestar que toda hija extraviada responderá de manera muy positiva o muy negativa a su celebración. Pero recuerde que estas jóvenes han vivido una vida de extremos. Algunas se enfadarán por cuanto la celebración les revela lo que se han perdido. Si se sienten demasiado «sucias» para aceptar el amor incondicional que se les ofrece, podrán rechazar agresivamente toda la atención que se les dispense. Otras pueden pensar que es demasiado tarde para que sus vidas cambien. Algunas pueden reaccionar apáticamente y apenas mostrar emoción. Prepárese mental y emocionalmente para cualquiera de estas reacciones.

Es bueno recordar que una celebración es simplemente la puerta a la madurez, no el destino final. Una joven puede responder positivamente a la celebración, pero no tener idea de cómo cambiar después de dejar atrás el evento. Puede necesitar de Vd. muchos meses o años de apoyo, tutoría y bendición antes de asimilar plenamente el mensaje de celebración en su vida.

Independientemente de las primeras emociones que exhiba su hija durante el evento especial, elegirá probablemente una de las dos direcciones. Puede que reconozca inmediatamente que hay una mejor manera de vivir, se acerque a usted, le pida perdón y ambos sigan juntamente hacia adelante. La celebración sería clave para reintegrarse en la familia y la sociedad, y escoger el camino que Dios tiene para ella. Si esto sucede, será maravilloso, y no me cabe duda de que muchas familias serán testigos de este acontecimiento.

Pero también es posible que le tome tiempo a su hija apartarse de los malos hábitos del pasado. Puede que tampoco haya un avivamiento instantáneo de amor entre padres e hija. Recuerde que el ciclo de pecado, falta de confianza, culpa y vergüenza suele obligar a las chicas a enterrar sus emociones para que nadie se asome a su interior. Si esto sucede, no desespere ni acepte la mentira de que su compromiso renovado con la tutoría y la bendición o la propia celebración, ha fracasado. Habrá plantado una semilla excelente que crecerá dentro de su hija, y con el tiempo, producirá una cosecha de madurez y de relaciones restauradas.

Y aunque algunos aspectos de la conducta de su hija parezcan empeorar después de la celebración, sin duda habrá desatado el poder increíble de la bendición en su vida. La celebración quedará como un signo fehaciente de devoción a su hija que nunca le podrán arrebatar. Dios se encargará de que el evento actúe como una espléndida flor que brota justo a su debido tiempo y crece en el alma de su hija.

SEXTA PARTE

ESPERANZA PARA
PADRES HERIDOS

20

SANIDAD PARA UN CORAZÓN HERIDO

BUENO, PAPÁ, ya hemos establecido un plan para llegar, criar, amar y bendecir a sus hijas. Sólo queda una cosa más por hacer antes de cumplimentar el plan: su corazón.

SANIDAD PARA UN CORAZÓN HERIDO

Hecho: todo hombre, mujer y niño han sido lastimados en esta vida. La gravedad de las heridas varía; unas son superficiales y temporales; otras son profundas y duraderas. Algunas heridas que se producen en la vida son físicas: quemaduras, fracturas y moratones. Del tipo de palos y piedras. Normalmente dejan una cicatriz o cojera que suscita lástima, la preocupación y la compasión de los demás. Pero hay otra clase de herida que no deja signo externo de aflicción —la herida emocional—. Esta clase escurre la piel y los huesos y se aloja en lo profundo del alma. Si no se tratan, estas heridas envían señales perjudiciales a la mente, la voluntad y las emociones. Nadie es inmune ni está protegido de tales ataques.

—He resultado herido… ¿y qué?

Ésta es la gran pregunta que se ha de hacer un padre. Especialmente los que funcionan bastante bien en la actualidad. La respuesta es sencilla. Las heridas siempre influyen en las relaciones con los otros, especialmente con los hijos. Si uno escoge permanecer herido y no ser sanado, es más que probable que cause alguna forma de perjuicio en su relación

155

con sus hijas. Así es como funciona. Y a la inversa, si permite que Dios sane sus heridas y trate con los asuntos de su pasado, lo más probable es que fortalezca sus relaciones y ministre sanidad a los hijos que tiene bajo su cuidado.

Afortunadamente, Dios creó al ser humano con una capacidad asombrosa de superar dolores tremendos y arreglárselas aún para funcionar. Desgraciadamente, solemos usar esta capacidad como excusa para ignorar nuestra condición de heridos. A decir verdad, podemos vivir muchos años contestando lo mismo cada vez que otros se interesan y nos preguntan: «¿Cómo estás?». Y damos la respuesta estándar —bien—, aun cuando sabemos que no es verdad. Como hombres, solemos creer que esta forma de afrontar la vida es honorable. Ya se sabe, somos individualistas recalcitrantes. «Tengo que ser yo mismo. Lo hice a mi manera. Sólo es un arañazo», y ese tipo de cosas. No obstante, mientras forcejeamos intentando convencer a otros de que estamos «bien», perdemos de vista un factor muy importante, a saber, no sólo somos responsables de nosotros mismos; también debemos guiar a la próxima generación hacia el futuro.

¿CUÁNDO SE HIZO VD. ESA CICATRIZ?

Después de haber practicado el baloncesto universitario, el fútbol semiprofesional y de haber tenido empleos peligrosos, como el de leñador, llevo muchas cicatrices físicas inscritas en mi cuerpo. Aunque algunas se han desdibujado con el tiempo, otras son aún visibles. Hace muchos años me hice una herida en la frente intentando salir precipitadamente de un auto. De vez en cuando alguien nota la vieja herida y me pregunta inocentemente: «¿Cuándo se hizo Ud. esa herida?». Por un instante, la pregunta me aturde. ¿Cicatriz? ¿Qué cicatriz? Realmente no soy consciente de llevar una cicatriz que otros pueden ver. ¿Por qué? Porque el accidente que causó la herida tuvo lugar hace más de treinta años. Ya no duele. Pasé por el proceso necesario de sanidad. Viajé en la ambulancia. Ingresé en la sala de urgencias del hospital. Médicos. Enfermeras. Inyecciones. Puntos (muchos). Descanso. Paciencia. Sanidad. Si hago un esfuerzo, puedo escarbar en la memoria y recordar que choqué contra un árbol: el dolor, la sangre, las sirenas y todo lo demás. Sin embargo, me alegro de anunciar que a pesar de la cicatriz, la herida ya no me duele.

La sanidad es posible, no importa cuán profunda sea la herida.

¿QUÉ HERIDA PROVOCÓ ESA CICATRIZ?

Las causas de las heridas y las cicatrices son múltiples. Algunas se producen en la temprana infancia. Palabras duras y criticismo de un padre. Rechazo de los compañeros de clase. Decepciones debidas a innumerables causas. Recientemente leí una carta triste y conmovedora en un periódico. Una mujer recuerda un suceso que le dejó huella en la fiesta de su octavo cumpleaños. Sus padres habían planeado una hermosa celebración para ella y sus amigas. La sala estaba llena de todo lo que una niña puede desear en su día especial. Globos, regalos y la más apetitosa tarta que cabe imaginarse. Estaba recubierta de espeso glaseado blanco. Diestramente preparada, la tarta exhibía su nombre y estaba engalanada con una colección de flores exuberantes, con escarcha verde y azul suave. En el momento preciso, el padre pidió a la niña que se sentara a la mesa. Y justo antes de que sus amigas le cantaran «Cumpleaños Feliz», su papá la invitó a oler las flores de la tarta. La niña se inclinó y entonces su papá empujó su rostro contra el glaseado pegajoso. Ella trató de respirar echándose hacia atrás, mientras su papá y sus amigas reían de buena gana su desgracia. La niña quedó profundamente marcada por el cruel quebranto de confianza de su padre. La mujer manifestó en la carta: «Mi padre creyó que aquello era divertido. Pero aquel día perdió el amor y la confianza de su hija». A propósito, cuando escribió estas desgarradoras palabras, la mujer tenía ochenta años. Las heridas no tratadas no sanan por sí mismas.

El colegio es otro tiempo muy proclive a abrir profundas heridas y cerrar cicatrices. Suele ser el tiempo en que los jóvenes se enamoran por primera vez, y son rechazados por el objeto de su afecto. La presión de los compañeros, el temor al qué dirán, incita a los jóvenes a hacer cosas que lamentarán después. El consumo ilegal de drogas, el abuso de alcohol y la pérdida de la virginidad suelen ser comunes durante este tiempo turbulento.

Otras heridas se producen a edades más avanzadas, pero su efecto es igual de profundo. Desilusiones en la universidad. Ruptura de un matrimonio. Pérdida de un niño. Muerte de un padre. Abuso de un superior en el trabajo. Para algunos los tajos más profundos de la vida llegan a los cuarenta, los cincuenta años, o más, cuando sueños e ilusiones quedan eclipsados por la realidad que impone la vida.

A veces podemos llegar a creer que el mismo Dios nos ha lastimado. Yo sentí esto muy hondamente cuando mi querido abuelo murió hace ya muchos años. Por casi dos décadas estuve enfadado con Dios, pensando que me había privado de mi héroe. Ahora me doy cuenta de que mi Padre celestial no causó la muerte de mi abuelo, sino que su gran amor me sostuvo en ese tiempo oscuro y seguirá sosteniéndome todos los días de mi vida. Sin embargo, a pesar de que Dios es el amor personificado, muchos seguimos creyendo erróneamente que él nos ha fallado de algún modo. Cuando esto ocurre, solemos hacer lo peor: nos apartamos de Él, en vez de correr *a* Él en busca de refugio. Mala idea.

CÓMO RESPONDEMOS ANTE EL DOLOR

La reacción ante tanto pesar es muy variada. Algunos parecen funcionar bien, a pesar del dolor que les aflige por dentro. Otros se hunden en el desánimo y la depresión. Muchos ahogan su tristeza en una amplia gama de sustancias que obnubilan la mente y anulan o embotan el alma. Otros buscan maneras de zafarse de las responsabilidades de la vida, ocultándose detrás de aficiones, aparatos de televisión a todo volumen u interminables horas conectados a la red. Incontables hombres y mujeres intentan aliviar su dolor trabajando largas horas, como si una promoción laboral o el ganar más dinero pudieran curar sus corazones heridos. Otros, como perros viciosos maltratados por crueles dueños, flagelan a los seres más cercanos, abusando de sus esposas y niños. Tristemente, para algunos el dolor es tan intenso que hacen lo imposible por abandonar sus hogares. El resultado es predecible. Un nuevo ciclo de heridas desangra la vitalidad de la próxima generación.

¿A IMAGEN DE QUIÉN FUIMOS CREADOS?

Desgraciadamente —o quizás por diseño divino— todos tenemos que afrontar los demonios del pasado que nos acosan antes de poder servir provechosamente a la próxima generación. ¿Es esto exagerar? Difícilmente. Si no acierto a resolver mis problemas de dolor, rechazo, abuso y abandono, entonces me costará ayudar a la próxima generación a resolver los suyos. Si no consigo descubrir la identidad que Dios me ha asignado, lo más probable es que fuerce a mis hijos e hijas a buscar una identidad distorsionada para ellos mismos.

La Biblia deja claro que todos hemos sido creados a imagen de *Dios*. Por tanto, debemos esforzarnos por ayudar a nuestros hijos a ser más piadosos en sus actos, motivos y carácter. No obstante, cuando el concepto de *sí* es defectuoso o está deteriorado, tendemos a forzar, consciente o inconscientemente, sobre nuestros hijos e hijas, la imagen a la que se deben parecer y conforme a la que deben actuar.

SEÑALES DE ADVERTENCIA

Hay algunas heridas cuyos síntomas son fáciles de detectar si se sabe dónde mirar. Por ejemplo, las mujeres y los hombres heridos suelen tener problemas con la toma de decisiones —son demasiado arriesgadas—. A las personas heridas les cuesta mostrar demasiado afecto —signo de debilidad—. Si una mujer ha sido herida, le costará decir cosas sencillas como «te amo» a los seres queridos —podría ser rechazada—. Estoy convencido de que mucha ira, desánimo, rabia, depresión, ansiedad y temor tienen su causa en heridas pasadas, no en retos recientes.

Con seguridad, las heridas recibidas en la vida causan mucho peor impacto que impedir seguir adelante. Cambian la autoimagen. Las críticas indebidas, la condenación, el fracaso y la vergüenza distorsionan la manera en que nos vemos a nosotros mismos. Esto es cierto incluso para los creyentes nacidos de nuevo. A lo largo de los años he conocido mucha gente de fe con baja autoestima y bajo concepto de sí. Y a pesar de que Dios asegura que son nuevas criaturas, esas almas atribuladas siguen obsesivamente oyendo la voz de padres, madres y otros que les declararon inútiles, lastimados y débiles. Palabras hace mucho pronunciadas se han trocado en supurantes llagas evidentes a todos menos a ellos mismos.

LA SANIDAD: UN ESTILO DE VIDA

Cuando me di cuenta de que mis actitudes, hechos y palabras actuales habían sido influidos, al menos en alguna medida, por cosas sucedidas en mi pasado, me volví mucho más reflexivo. Esto fue especialmente cierto cuando actuaba de manera contraria a mis valores cruciales. Por ejemplo, si era poco amable con mi esposa, impaciente con mis hijos, me mostraba ansioso o temeroso al acercarse algún evento, o no perdonaba a otra persona que me hubiera ofendido, me tomaba tiempo para examinar el pasado y ver si podía descubrir alguna causa subyacente. Quiero aclarar que la razón para reflexionar sobre el pasado no es buscar a quien echar la culpa de sus desgracias actuales. Ni justificarse por vivir tirado en la cuneta o aliviar su conciencia si está haciendo algo equivocado. Hay dos razones principales para mirar retrospectivamente y descubrir la causa de sus heridas. La primera, debe mirar atrás para entender mejor sus reacciones a los retos actuales de la vida. La ira, la envidia, el temor, el orgullo y otras emociones negativas tuvieron que surgir en alguna parte. Una vez que sepa sus orígenes, es mucho más fácil tratar con ellas. La segunda, debe mirar hacia atrás para comprender mejor a los que le ofendieron para poder perdonarles y ser sanado. Una vez iniciado el proceso de sanidad, será entonces libre para guiar a la próxima generación con un corazón más puro y una conciencia más clara.

NO HAY PADRES PERFECTOS

Es importante entender que normalmente las personas que nos ofendieron no tenían idea de que sus palabras o hechos nos estuvieran haciendo daño. En realidad, no hay padres perfectos, ni hermanos perfectos, ni familia política, maestros, entrenadores, pastores o amigos perfectos. Ellos —y *nosotros*— somos todos capaces de lastimar a los que nos rodean, intencionada o inintencionadamente. Como hombre adulto, me resulta fácil aceptar esta verdad. No obstante, puede resultar extraordinariamente difícil para los niños el comprender que mamá o papá tienen algún defecto. Los padres se asemejan a Dios para los niños pequeños. Al fin y al cabo, papá y mamá proporcionan a los niños techo, ropa, comida, consuelo y protección desde el primer día. Los niños lloran y les tomamos en brazos. Tienen hambre y les alimentamos. Ensucian algo y lo limpiamos, y así sucesivamente. Imagínese la conmoción que sufren cuando descubren que papá o mamá están lejos de ser perfectos. Realmente, el mundo del pequeño es sacudido. Para muchos, todo lo que papá y mamá afirman es absolutamente cierto e irrefutable. A los ojos de un niño, mamá y papá lo saben todo. En esto radica el problema de algunos hombres cuyos padres usaron palabras para herirles, avergonzarles o rechazarlos. En todas estas situaciones demasiado comunes, se requiere la obra de Dios y el apoyo de amigos de confianza para vendar las heridas que se produjeron.

En algún momento tenemos que aceptar el hecho de que fuimos criados por meros mortales que hicieron lo que pudieron, pero a menudo no dieron en el blanco. Una vez que esta verdad es asumida, se puede extender perdón, recibir sanidad y vivir a un nivel mucho más alto.

Incluso los que estudian este tema dejan a veces caer el balón. He aquí un triste ejemplo de las palabras de un padre y la herida que causaron... en mi propia familia.

Cuando contaba once años, mi hijo pequeño Daniel tenía pavor a ciertos insectos. Nosotros vivimos en el campo, donde no hay escasez de abejas, avispas y moscardones, por lo que asumí que era un aguijón lo que había causado los temores de mi hijo. En cierto momento le pregunté que me explicara por qué le atormentaban esos torturadores alados y me llevé una gran sorpresa. Daniel me contó pausadamente que un caluroso día de verano, cuando todos nos disponíamos a darnos un baño en la laguna, uno de sus hermanos mayores se escondió astutamente detrás de él y le puso un gran escarabajo en la espalda para gastarle una broma. El insecto intentaba no caer e hizo lo que suelen hacer los escarabajos: se agarró a la piel de Dani para sujetarse. Mi hijo pequeño me contó cómo sus hermanos se rieron de sus angustiosos intentos por librarse del insecto y cuán frustrado —y herido— se sintió.

Mientras él me contaba el incidente, yo me iba enfadando con mis hijos mayores por gastar esa clase de broma a Daniel. Me preparé mentalmente para darles una reprimenda cuando volviéramos a estar juntos para enderezarlos. Realmente me molestaba que mis hijos fueran capaces de tal insensibilidad. ¿Por qué no consideraban las consecuencias de sus actos? ¿No se habían dado cuenta del daño que su conducta podía provocar en la psique de un niño pequeño?

Yo me preocupaba de armar mi caso contra la crueldad de mis hijos mayores cuando, de repente, noté que Daniel todavía me estaba contando su historia. Tenía más que añadir tocante a la situación que había herido aquel día su tierno corazón. Después de narrar sus desesperados intentos por deshacerse del insecto, y describir las risas de sus hermanos, acabó añadiendo unas palabras que nunca olvidaré.

—Y papá, mientras todo aquello estaba sucediendo —dijo tranquilamente— tú no hiciste nada por evitarlo.

Cuando mi hijo dijo esto me quedé postrado, aplastado y profundamente entristecido. Al fin y al cabo, de buena gana habría dado mi vida por él, y sin embargo, había actuado pasivamente en vez de acudir en su rescate cuando él más me necesitaba. Al instante pedí perdón a Daniel y sigo pidiendo a Dios que sane la herida que yo inconscientemente causé a mi precioso hijo aquel cálido día de verano.

No hay padres perfectos. Es fácil herir a los que nos han sido confiados a nuestro cargo sin saber siquiera que lo hemos hecho. Mi padre me lo hizo a mí, y yo se lo hice a mi hijo. Bien. Esa es mi confesión. Ahora le toca a usted. ¿Quién o qué le ofendió? Y lo que es más importante, ¿está listo para ser sanado? Si lo está, será mucho mejor padre para su hija. No hay mejor momento para comenzar que éste.

21

EL PROCESO DE SANIDAD

AFORTUNADAMENTE, TENGO MUY BUENAS noticias para todos los que estamos dispuestos a reconocer que hemos sido heridos. Dios es poderoso para extender sanidad y restauración en nuestra vida, Lo expondré de forma personalizada. *¡Dios es poderoso y está dispuesto a sanarle y restaurarle!*

EL PROCESO DE SANIDAD

Este proceso de sanidad es sencillo y puede comenzar de inmediato. Se puede resumir en esta breve frase: *Mire hacia dentro, mire hacia atrás, mire hacia delante* y *mire hacia arriba.* Con esto quiero decir que para ser sanados, antes debemos *mirar hacia dentro* para ver cómo fuimos heridos. Después, debemos *mirar retrospectivamente* para identificar de dónde proceden las heridas. Después, hemos de *mirar hacia delante* para visualizar una vida libre de amargura y llena de compasión, especialmente, por la próxima generación. Desde esta perspectiva, estaremos preparados para procurar la sanidad que el amor de Dios y el apoyo de otros nos pueden ofrecer. Finalmente, *miraremos hacia arriba,* hacia Dios, extenderemos perdón a los que nos hayan ofendido y pediremos su sanidad. He aquí algunos detalles de cómo funciona el proceso.

Mire hacia dentro

Debemos reconocer que todos arrastramos algún dolor del pasado. Es necesario hacer un inventario de la vida e identificar honestamente áreas en las que palabras y hechos hirientes de otras personas le ofendieron.

Puede ser útil relacionar este proceso emocional con lo que sucede cuando se sufre una herida física. Cuando el cuerpo resulta herido, el cerebro reacciona instantáneamente para avisar del dolor e impedir traumas adicionales. Desgraciadamente, he tenido muchas oportunidades en mi vida de comprobarlo. Mi carrera deportiva estuvo salpicada de varias lesiones, como desgarros musculares en los hombros, costillas rotas y torceduras. Mi tobillo izquierdo era muy propenso a los esguinces. Cada vez que me lesionaba, el proceso de sanidad y de restauración volvía a repetirse. Primero, tenía que admitir y reconocer que estaba lesionado. El intenso dolor se encargaba de que esa parte fuera sencilla. Luego tenía que guardar completo reposo para que el tobillo pudiera sanar. Esto significaba, normalmente, tener que permanecer echado en el sofá con el pie levantado durante varios días. Una vez que podía soportar un poco de peso en el tobillo, llegaban las muletas y tenía que usarlas en vez de descargar el peso sobre el tobillo. Finalmente, dejaba las muletas y volvía a «caminar». Los primeros pasos eran siempre inciertos y amedrentaban. El dolor se las arregla para instalarse en el cuerpo. Pero al final no tenía más remedio que andar, para poder luego correr y volver a practicar deporte. Por tanto, a la hora de decidir si me levantaba o seguía sentado en el sofá tenía que vencer el dolor y hacer todo lo posible por volver a andar. El «paseo» después de la lesión era siempre lento e iba acompañado de sensible cojera. Me dolía demasiado andar sin apoyarme en el tobillo. Finalmente, la lesión sanaba y me restablecía por completo.

Ocurre algo muy parecido con el dolor emocional en la vida. Cualquiera que sea la causa, siempre se produce una cojera emocional que acompaña a la lesión hasta que predomina la sanidad.

Por ejemplo, las personas que han sufrido abusos o abandono suelen apartarse o endurecerse para evitar dolores añadidos. En efecto, permanecen sentadas en el sofá para evitar nuevos traumas. Del mismo modo, la persona que ha sufrido mucho rechazo ya no osa aventurarse por el mundo, pues podría volver a resultar herida. La gente que ha sido criticada toda su vida aprende que la mejor manera de evitar más heridas es simplemente cojear y no intentar nada nuevo. La vida así vivida pronto pierde el bello colorido con que Dios la dotó y cae en un gris hosco y lluvioso. Sabemos que el juego sigue a nuestro alrededor, pero tememos volver a incorporarnos. El riesgo de sufrir más dolor es demasiado elevado... hasta que uno sana.

Entiéndase que la cojera emocional permanece aunque uno exhiba apariencia de éxito en una variedad de aspectos. Casa grande. Buen empleo. Ministerio ostensible. Excesiva ocupación. ¿Son todos ellos síntomas contemporáneos de salud y bienestar? Tal vez. No obstante, lo que los demás no suelen ver son las heridas que arrastramos —y escondemos— bajo la superficie. La mucha ocupación, el ajetreo, las actividades inacabables, pueden ser realmente cortinas de humo. Para muchos, el agitarse en un río de actividad no es más que otra manera de esconderse y ocultarse de sus heridas. Recuerde, si no experimentan sanidad, un hombre o una mujer heridos cojearán de por vida.

Si no está seguro de la naturaleza exacta de su cojera, o de que padezca una, las siguientes preguntas le pueden ayudar. ¿Cómo se ve a sí mismo? ¿Teme cometer errores? ¿Está Ud. ansioso, temeroso y desanimado? ¿Trabaja demasiado? ¿Puede mostrar afecto a los que le rodean? ¿Puede decir a su familia que les ama? ¿Frente qué asuntos se muestra extremadamente sensible? ¿Cómo intenta protegerse indebidamente? ¿Tiene algún problema para orar a Dios? Mirando hacia dentro, podrá descubrir sus heridas e identificar la causa de su cojera emocional. Una vez hecho esto, entonces buscará el origen de los problemas volviendo a mirar en el pasado.

Mire hacia atrás

Para localizar la fuente del dolor emocional es particularmente útil recordar la clase de ambiente en el que uno se crio. ¿Se preocuparon sus padres u otros adultos de fortalecer la sana identidad de su persona? ¿Estuvo su vida llena de tutoría, palabras de bendición, toque sanador y rito de transición? Si lo estuvo, forma parte de una exigua minoría y es verdaderamente afortunado. Para la mayor parte de las personas criadas en las últimas generaciones, la vida ha sido una mezcla de bueno, malo y feo. Sepa, pues, que no está solo.

He aquí otras preguntas para ayudarle a mirar retrospectivamente. ¿De quién o de qué tenía usted miedo en sus años de crianza? ¿Qué recuerdos le obsesionan? ¿Qué le hace enfurecer? ¿Es hipersensible a alguna cosa? ¿Hay personas en su vida pasada o presente a las que le cueste mucho perdonar? ¿Intenta todavía demostrar algo a alguien? Si tiene dudas respecto a alguna de estas preguntas, puede orar y preguntar a Dios que le muestre cosas que le hirieron. Serán claves para su sanidad y su futuro.

Al reflexionar en la propia infancia, se llega a una conclusión muy sana: los que nos criaron hicieron lo que pudieron y es muy probable que quienes nos hirieron se hirieran a sí mismos. Padres alcohólicos, madres dominantes, familiares torcidos y compañeros crueles dijeron e hicieron lo que les parecía bien en cierto momento, por más infundado que nos pueda parecer ahora. Jesús nos dio un gran ejemplo cuando, en la cruz, miró a sus torturadores y pidió a su Padre celestial que «les perdonara, porque no sabían lo que hacían» (Lucas 23:34).

Dado que vivimos en una sociedad del tipo «echo la culpa a otro por mis problemas», quisiera repetir aquí algo muy importante. El motivo de mirar hacia atrás e identificar el origen de nuestras heridas *no* es buscar excusas que justifiquen malas elecciones y conductas negativas. Ni tampoco es descargar la responsabilidad de los propios errores y pasos en falso sobre otros. La excusa de «mi padre abusó de mí, así que ahora yo abuso de mis hijos» no se sostiene a la luz del evangelio y del tremendo poder de Dios para transformarnos, y transformar nuestra conducta de tinieblas a luz. El objeto de mirar hacia dentro y hacia atrás es ayudarnos a entender *por qué* pensamos y hacemos ciertas cosas. Una vez que se descubre esto, aceleramos el proceso de sanidad y seguimos adelante.

Mire hacia delante

Llegados a estas alturas del proceso, hemos mirado hacia dentro y hacia atrás. Ha llegado el momento de reunir fuerzas y motivación para cambiar y seguir adelante. Sabemos por las Escrituras que Jesús soportó el dolor de la cruz *por el gozo puesto delante de él* (Heb 12:2). ¿Suena extraño? No debería. El gozo de Jesús descansaba en que su sacrificio preparaba el camino para que toda la humanidad se reconciliara con su Padre celestial. Es decir, escogió soportar dolor y sufrimiento para que las generaciones subsiguientes obtuvieran sanidad.

De modo muy similar, nosotros debemos tomar una decisión. Podemos andar con precaución, seguir cojeando y esperar que nuestros hijos e hijas salgan bien. O podemos soportar el dolor temporal del proceso de sanidad para pensar y actuar como líderes de los que nos siguen. En el pasaje de Malaquías 4:6, Dios nos llama claramente a volver el corazón hacia la próxima generación e innumerables hombres están respondiendo a esa llamada. Asegurémonos que los corazones que volvamos estén tan puros y sanos como sea posible. Si comparamos el gozo del triunfo de la próxima generación con el precio que paguemos por nuestra propia sanidad, éste será insignificante.

Mire hacia arriba

Una vez aceptada la naturaleza de nuestras heridas y su origen, hacemos dos cosas. Primero, miramos hacia Dios para obtener la liberación y la sanidad que sólo Él puede dar. La oración por sanidad acarrea una libertad maravillosa y liberación de heridas pasadas. A veces la sanidad es instantánea, y otras, la oración inicia un proceso lento y constante hacia la misma. Segundo, miramos los rostros de los que nos rodean. Los amigos de confianza, miembros de la familia, clero y consejeros pueden ayudarnos a procesar lo que hemos experimentado. Cuando los hombres sacan sus oscuros temores a la luz de consejeros de confianza sobreviene una sanidad eficaz.

Santiago 5:16 exhorta a confesar nuestras faltas los unos a los otros *para ser sanados*. Dios sabía que desde el principio los seres humanos tendrían multitud de faltas, debilidades y heridas que requerirían ser sanadas. También sabía que seríamos reacios a compartir problemas con otros. Hace mucho que andan por ahí los obstáculos del orgullo, el temor y el aislamiento. Afortunadamente, Dios también sabía que una vez que vencemos nuestros temores y compartimos nuestras heridas secretas con otros, podemos ser sanados.

EL PERDÓN ROMPE CADENAS

Es necesario explorar una parte vital de este proceso. Hasta aquí todo ha sido relativamente fácil. Pero esta parte de la sanidad puede ser más dura. Éste, además de ser un concepto fundamental del cristianismo bíblico, es absolutamente esencial para los hombres y las mujeres que desean ser sanados. He aquí por qué.

Solemos tener problemas con la idea de recibir perdón. Algunos creen que han hecho cosas tan terribles que Dios nunca podrá perdonarles. Sería consolador para ellos saber que Dios mismo dice que *todos* hemos pecado y sido desprovistos de la gracia de Dios. Su marca particular de pecado no es nada nueva; sólo fue nueva para Ud. Si usted, como muchos otros, cree esta mentira: que se ha alejado demasiado de un Dios amoroso para poder ser alcanzado y perdonado por él, entonces nunca se sentirá cualificado o llamado a influir en la próxima generación. Si Ud. recibe el perdón de

Dios, podrá iniciar el proceso que le permita perdonar a otros. Sin él, nunca comenzará.

Hay otro aspecto del perdón. Algunas personas aceptan de buena gana el perdón de Dios para *sí mismas,* pero son reacias a ofrecer perdón a *otros.* Esto conduce a una mentalidad muy egocéntrica y engañosa, según la cual, los hechos más lúgubres de un sujeto son milagrosamente perdonados por Dios, pero hasta el pecado más liviano cometido contra él condena al pecador a la perdición eterna. Lo siento, pero este enfoque del perdón no se encuentra en el Libro. Dios prometió *perdonar nuestros pecados como nosotros perdonamos* a los que pecan contra nosotros. La falta de perdón hace un daño increíble al que se aferra a la ira que suele acompañar a esta desdichada condición.

Es preciso comprender que la falta de perdón nos ata a los que nos ofendieron. Fragua cadenas invisibles que ligan nuestras almas, pensamientos y hechos —conscientes y subconscientes—. Además, en tanto en cuanto esas cadenas permanezcan intactas, arrastraremos un montón de malos recuerdos y amargura por dondequiera que vayamos. Esto tiene que acabar... hoy.

UN EJEMPLO PERSONAL DE PERDÓN

Recuerdo, hace ya algunos años, que fui profundamente ofendido por un supuesto amigo a quien ayudé a salir de graves problemas económicos. Mi amabilidad y el préstamo de muchos miles de dólares le salvaron a él y a su familia de la ruina. No obstante, una vez que su crisis inmediata quedó superada, me devolvió el favor no pagándome la deuda y cortando los lazos de «amistad». Confieso que a causa de ello herví con ira y amargura por varios meses. Yo conocía el mandato bíblico de perdonar, pero, con toda honestidad, me resistí a hacerlo.

Al fin y al cabo, ese hombre me había engañado adrede y merecía ser castigado.

Por bastante tiempo oculté mis sentimientos. Al menos, eso creía. En realidad, lo que hacía era derramar lentamente mi ira sobre los que me rodeaban. Me irritaba con mi esposa y gruñía a mis hijos por nada o por el mínimo fallo. Durante ese periodo de aflicción rara vez reía y pasaba gran cantidad de tiempo preocupado con pensamientos de venganza, retribución y represalia. Finalmente tragué mi orgullo y compartí mi dolor con amigos de confianza, que hicieron lo que había que hacer. Me hicieron ver que el motivo que me movió a ayudar al hombre había sido bueno —aunque hubiera juzgado mal—, y que Dios enderezaría la situación de alguna manera. Finalmente, lograron que hiciera una oración para perdonar al hombre, y poner el asunto en manos de un Dios justo y verdadero, para que fuera remunerado según el «merecimiento» de sus actos.

Después de orar, no noté que hubiera cambiado nada. Los torturadores pensamientos intentaron aún minar mi mente durante varios días. No obstante, al cabo de poco, noté que pasaban los días sin ni siquiera acordarme del asunto. E incluso empecé a orar por aquel hombre y su familia. ¡Eso sí que era un cambio! Por fin, llegué a aprender de esa experiencia dolorosa. Obviamente, yo había sido demasiado confiado y hecho caso omiso a los que me habían aconsejado que no ayudara a un sujeto que ya había engañado a otros anteriormente. Hoy me alegro de poder decir que aunque sigo lamentando aquel error, ya no estoy atado por la amargura. Dios tratará con él. Yo le he perdonado. He seguido adelante. Ud. puede hacer lo mismo.

No importa que sus heridas sean grandes o pequeñas, recientes o añejas, aún necesita conquistar la actitud de perdonar a sus ofensores para poder ser libre.

Recuerde que su perdón no significa que lo que le sucedió estuviera bien. No justifica los hechos del ofensor en modo alguno. Ni remueve su culpa o su responsabilidad de hacer restitución o pedir disculpas. Lo que sí hace el perdón son dos cosas sencillas que cambiarán el curso de su vida. La primera, le devuelve a una posición correcta delante de Dios. Recuerde que la oración del Padrenuestro nos exhorta a pedir a Dios que perdone nuestras ofensas como nosotros perdonamos a aquellos que nos ofenden (Lucas 11:4). Perdone para que Dios le perdone. La segunda, el perdón nos libra de las enmarañadas cadenas de la amargura, la ira y un montón de emociones negativas. Una vez que nuestros corazones están limpios, podemos ser imbuidos de la verdadera sustancia del reino de Dios, que es justicia, paz y gozo.

Supongo que podría haber vivido toda una vida sin perdonar a ese hombre y a muchos otros que se tomaron más de lo que dieron en esta tierra. Sin embargo, si no le hubiera perdonado, estoy seguro de una cosa: nunca habría sido capaz de amar, tutorar y bendecir a mis hijos o amar como corresponde a mi esposa. Mis propios «asuntos» habrían seguido obnubilando mi pensamiento, distorsionando mi personalidad y generando una indecible cantidad de ira dispuesta a invadir mi casa sin advertencia previa. Ha llegado la hora de que todos perdonemos y sigamos adelante.

ANTES QUE SEA DEMASIADO TARDE

No piense que este mensaje sobre heridas, perdón y sanidad es aplicable a todo el mundo menos a Ud. En los años transcurridos desde que celebramos el rito de transición de mi hijo mayor he sido testigo de la disolución espiritual, y de relación, de no menos de seis hombres que estuvieron allí presentes. Por aquel entonces, ellos tenían una fe profunda y estaban sometidos a fuertes vínculos familiares. Sin embargo, pocos años después, acabaron en líos, divorcios u otras situaciones impensables. Uno de esos hombres, ex consejero de confianza y pastor de la iglesia, abandonó a su esposa y se fugó con una joven de diecisiete años a quien había estado «aconsejando».

¿Cómo pudo esto suceder a una persona que ama a Dios y ha entregado su vida al ministerio, y a su esposa? Fácil de explicar. No acertó a tratar asuntos, ofensas, heridas, ni el dolor que le condujo a adoptar tal comportamiento irreflexivo e infantil. Las personas heridas hieren a otras. No obstante, se pueden tomar decisiones al respecto.

Por tanto, mire hacia arriba. Dios es poderoso para escuchar, entender y gestionar toda situación por la que usted haya pasado. Comparta, pues, sus heridas, frustraciones e ira con personas de confianza a Ud. cercanas. Ellas no se escandalizarán al oír su caso. Le confirmarán que otras también pasaron tiempos difíciles y sobrevivieron. En realidad, serán bendecidas por su sinceridad, y Ud. resultará bendecido por su aceptación y su apoyo.

EPÍLOGO:
EL REY ESTÁ LLAMANDO

ESPERO QUE SE HAYA CONVENCIDO de que el Rey le está llamando a implicarse en la próxima generación —comenzando con sus propias hijas e hijos y extendiéndose a otros jóvenes que necesitan su amor, protección, tutoría y guía. Como el guerrero del primer capítulo, no hay tiempo para dormir, ni siquiera para sentarse a descansar.

EL PODER DE UN PADRE

¿Puede la presencia de un padre o figura paternal provocar realmente tan gran impacto? Si todavía no está seguro, he aquí algunos datos estadísticos de la National Fatherhood Initiative (Iniciativa Nacional de Padres) para ayudarle a decidir:

- En los Estados Unidos, 24 millones de niños viven sin sus padres biológicos.
- Un sorprendente 82 por ciento de chicas adolescentes embarazadas proceden de familias sin padre.
- Los niños cuyos padres biológicos están ausentes son, por término medio, dos o tres veces más propensos a ser pobres, consumir drogas, sufrir problemas educacionales, de salud, emocionales, de comportamiento, y también, más propensos a ser víctimas de abuso infantil y caer en conductas delictivas que aquellos que viven con sus padres casados, biológicos (o adoptivos).

Estos datos deberían ser suficientes para cobrar conciencia del efecto devastador de la ausencia paternal. Pero, he aquí un aspecto positivo…

En comparación con los niños que carecen de padres comprometidos, es mucho más probable que aquellos cuyos padres son amorosos y comprometidos, les vaya bien en la escuela, gocen de autoestima, exhiban empatía, buen comportamiento social y eviten conductas de alto riesgo, como el consumo de drogas, la ociosidad y la actividad criminal.

Aquí es donde entra Ud. en acción. Un papá. Un padre. Un guerrero dispuesto a entablar batalla y blandir su espada hasta que los enemigos de nuestras hijas no levanten más sus feas cabezas. Ud. es la respuesta, y ahora que la solución a los problemas de nuestras hijas ha sido tan claramente definida, esta desolada imagen puede cambiar. La destrucción de nuestras preciosas hijas puede detenerse. Pero hace falta que Ud. se involucre. Una a una. Generación a generación. Nuestros jóvenes no necesitan figuras famosas a las que adorar. Necesitan figuras paternales a quienes amar.

PODEMOS CAMBIAR LA MAREA

¿Recuerda lo que sucedió cuando un solo hombre, Jonás, anduvo por las calles de Nínive predicando un mensaje de cambio? Toda la ciudad se arrepintió de sus caminos malvados. Imagine lo que sucederá cuando miles de hombres piadosos caminen por nuestras calles con un mensaje de cambio positivo. Cuando los ritos de transición, la bendición intencional y la tutoría de la joven generación sea un estilo de vida en su casa, su iglesia y su vecindario. Entonces, regresará la vitalidad a nuestras ciudades y naciones.

Hay un mover actual de Dios sobre la tierra para restaurar las cosas que se perdieron o fueron robadas. La familia. La fe. La paternidad. La tutoría. Dios desea que los corazones de los padres se vuelvan hacia los hijos y los de los hijos se vuelvan hacia los padres (véase Malaquías 4:6). Esto se puede conseguir en nuestro tiempo. Cuando los hombres capten la visión, podemos subvertir naciones enteras en una sola generación. Sólo una cosa nos puede detener: el no comenzar.

Le reto solemnemente a apagar la televisión esta semana —hoy mismo—, poner a un lado su agenda y aceptar en oración su llamado más auténtico: el ejercer de padre.

La oportunidad para cambiar la dirección de toda una generación es muy real. Sólo hace falta que un puñado de guerreros despierten y acepten el llamado del Rey. Sólo hace falta que usted lo haga. No hay nada más importante. Es un llamado supremo. El llamado del Rey. La obligación de un padre.

ACERCA DE LOS AUTORES
Y LA MALACHI GLOBAL
FOUNDATION

BRIAN Y KATHLEEN MOLITOR son fundadores de la Malachi Global Foundation (Fundación Global Malaquías). Esta organización no lucrativa se dedica al cumplimiento de Malaquías 4:6 y procura volver los corazones de los padres hacia los hijos por todo el mundo. La Malachi Global Foundation colabora estrechamente con iglesias y ministerios de hombres para ofrecer conferencias, seminarios y retiros de hombres, parejas, y padres/hijos/hijas. También produce una amplia gama de materiales de enseñanza en formatos de vídeo, audio y manual para ayudar a los padres a poner en práctica estrategias de tutoría permanente, bendición intencional y ritos de transición para los niños bajo su responsabilidad. El libro de Brian *La transformación del niño en hombre* ayudó a lanzar este ministerio en muchos países.

Brian es también consejero delegado de Molitor Internacional. Su empresa está especializada en asesoría y formación de relaciones interpersonales, desarrollo organizativo, consolidación de equipos, resolución de problemas y formación de liderazgo. Brian ha producido y organizado muchos programas de televisión sobre diversos temas, entre ellos el fortalecimiento de la familia. Escribe artículos sobre temas empresariales para varias revistas y produce muchos manuales de formación, vídeos y cintas de audio que son aprovechados por empresas, ministerios, gobiernos y familias por todo el mundo. Es también autor del libro *The Power of Agreement Unleashed* y muchos otros libros.

Antes de su actual profesión, Molitor fue director de un internado para jóvenes conflictivos y director del ministerio de prisiones de su estado. Él y Kathy tienen cuatro hijos: Chistopher, Steven, Jenifer y Daniel. Como padre, a Brian le encanta entrenar equipos que practican deportes varios, como el de baloncesto donde juega su hijo y otros de la liga de fútbol juvenil.

Kathy es enfermera y administradora de una reconocida clínica. Ha ofrecido charlas en muchas iglesias y grupos de ministerio de mujeres sobre temas como el matrimonio y la crianza de los hijos.

Para más información acerca de la Malachi Global Foundation, o para programar una conferencia, seminario, o retiro para el grupo de hombres de su iglesia, póngase en contacto a través de uno de los siguientes medios:

Malachi Global Foundation
1550 Collins Lane
Midland, MI 48640

Página web: *www.malachiglobal.org*
E-mail: *info@malachiglobal.org*
Teléfono gratuito: 1-877-MALACHI (1-877-625-2244)
Fax: (989) 698-0469